100 legendäre Uhren

Frédéric Ramade

MOEWIG

Inhalt

Eine Suche ohne Ende

Oben: Klepshydra aus deutschem Sandstein (Anfang des 17. Jahrhunderts). Musée de la Renaissance, Écouen (Frankreich).

Mitte: Der Uhrmacher und seine Werkzeuge. Stich aus dem 18. Jahrhundert. Musée Carnavalet, Paris.

Wenn man die jüngsten Innovationen auf dem Gebiet der Zeitmessung betrachtet, insbesondere die Cäsiumatomuhren mit einer Zeitabweichung von weniger als einer Sekunde in 15 Millionen Jahren, kann man über das Bemühen des Menschen um eine immer per-fektere Zeitmessung nur staunen.

Das Streben des Menschen nach Genauigkeit basiert auf dem Jahrtausende alten, nie enden wollenden Bemühen um Perfektion. Frühe Zeugnisse dieses Bemühens finden sich bei den alten Ägyptern. Sie benannten die Stunden des Tags, und die Priester waren verantwortlich, darüber zu wachen. Die erste Stunde des Tags wurde „die Leuchtende" genannt, die sechste „die Aufgerichtete" und die erste Stunde der Nacht „die Niederlage der Feinde von Re". Damals war die religiöse Vorstellungswelt der Menschen nicht Hindernis, sondern Ansporn für „wissenschaftliche Zeitmessungen". Es ging dabei auch um allgemeine kosmologische Fragen, beispielsweise um die Frage, wie hoch die Sterne am Firmament stehen. Der „erste Uhrmacher" dürfte am veränderten Schattenwurf eines Baumes den Fortgang der Zeit festgestellt (und eines Tages auch gemessen) haben. „Heilige Tabellen" wurden aufgestellt, göttlicher Beistand erbeten, der Polarstern verehrt, kurzum: die gelehrten Priester konnten den Ablauf der Stunden festhalten und ihn in ein universales System bringen. Dass die Erde ihre Position im Vergleich zu den anderen Planeten verändert, war den alten Ägyptern, deren Astronomie hoch entwickelt war, schon bekannt, auch dass ein Sonnenjahr 365 Tage dauert, wobei 1/4 Tag pro Jahr fehlte. Auf die Schwierigkeiten, die dieses Viertel den Uhrmachern aller Zeiten bereitet hat, kommen wir später noch zu sprechen.

Die Erde dreht sich zudem um sich selbst. Sie taucht einen Teil ihrer Oberfläche ins Dunkel, während der andere von der Sonne erhellt ist. So ergeben sich Tag und Nacht. Nach und nach verfeinerten die alten Ägypter ihre Methode der Zeitmessung. Sie gingen zum Schattenstab (Gnomon) über. Das Prinzip dieses Stabs ist einfach: Der Schatten eines im Boden verankerten Stabs ändert seine Lage je nach dem Stand der Sonne. Als man diese Anordnung gefunden hatte, bedurfte es nur noch einer Skala auf dem Boden, um die Stunden des Tages „anzeigen" zu können. Stab und Skala zusammen genommen darf man als die eigentliche Erfindung der Uhr betrachten. Fortan ging es lediglich um Stufen der Verfeinerung des Messens. Diese Sonnenuhr war im Stande, den Tagesablauf der Menschen zu regeln. Doch versagte sie bei Nacht und tat ihren Dienst bei schlechtem Wetter nur unvollkommen. Einige Probleme, die sich daraus ergaben, löste die Wasseruhr (Klepshydra), die hinsichtlich ihrer Messgenauigkeit allerdings keine echte Neuerung darstellte. Sie bestand aus einem mit Wasser gefüllter Behälter, an dessen Wand sich eine Skala befand. Der

Gegenüberliegende Seite: Römische Sonnenuhr aus Stein. In den Sockel ist eine Gradeinteilung eingemeißelt. Musée du Louvre, Paris.

Rechts: Schmiedeeisernes Schild eines Pariser Uhrmachers (18. Jahrhundert). Musée Carnavalet, Paris.

Oben: Eiserne Uhr aus Deutschland, Anfang des 16. Jahrhunderts. Musée de Cluny, Paris.

Rechts: Tischuhr mit Astrolabium, Eisen sowie vergoldetem und versilbertem Messing (2. Hälfte des16. Jahrhunderts). Musée de la Renaissance, Écouen.

Boden war mit einer kleinen Öffung versehen, durch die das Wasser ablief. Diese Uhr hatte sich von der Sonne unabhängig machen können, erwies sich aber als unbrauchbar bei Kälte, wenn das Wasser gefror.

Das Niveau der Zeitmessung änderte sich in der Antike später kaum noch. Julius Cäsar löste das Problem des zusätzlichen Viertels zu den 365 Tagen im Jahr, indem er den Februar (damals letzter Monat im Jahr) in jedem vierten Jahr um einen Tag verlängerte. So war das Schaltjahr geboren. Der nach Cäsar benannte julianische Kalender wurde vom christlichen Abendland übernommen. Die Juden behielten den Mondkalender bei, für den sich dann auch die Muslime entschieden. Bei den meisten Mondkalendern wurde das Jahr durch eine Abfolge von Monaten definiert, die im Wechsel 29 und 30 Tage zugrunde legten, wobei das Mondjahr kürzer ist als das Sonnenjahr und daher jedes Jahr früher beginnt.

Wie immer – den Unschärfen in der Zeitmessung konnte man nur beikommen, wenn es gelang, Uhren zu konstruieren, die unabhängig von Jahres- und Tageszeiten funktionierten. Im frühen Mittelalter kamen die Räderuhren auf. Eine solche Uhr entwarf um 850 n. Chr. als Erster der in Verona lebende Kleriker Pacificus. Neu an diesen Räderuhren war, dass sie von Gewichten angetrieben wurden, die mittels eines Seilzugs die Mechanik von ineinander greifenden Zahnrädern in Gang setzten. Doch vollzog sich die Energiezufuhr für das Räderwerk durch Gewichte noch unkontrolliert. Die Ganggenauigkeit dieser Uhren blieb darum überaus bescheiden. Bahnbrechend für die weitere Entwicklung war erst die Erfindung der so genannten Hemmung. Durch sie wurde die durch Gewichte angetriebene Rädermechanik so „gehemmt“ bzw. reguliert, dass die Zeiger synchron zum Schwingsystem laufen. Ende des 13. Jahrhunderts wurden die ersten Uhren an (Kirch-)Türmen angebracht; diese öffentliche, einheitliche Anzeige der Zeit bestimmte fortan ganz wesentlich den Tagesablauf der städtischen Bevölkerung mit.

Im 15. Jahrhundert konnte die Uhr durch die Erfindung des Federantriebs verbessert werden. Ihre mechanischen Komponenten ließen sich nun deutlich verkleinern. Der Turmuhr zur Seite trat jetzt auch die Tisch- und Wanduhr. Aber mit Nachlassen der Spannung wurde die Feder schwächer; es kam weiterhin zu beträchtlichen Gangungenauigkeiten. Noch lange waren deshalb auch die Elementaruhren in Gebrauch. Dazu gehörte beispielsweise die Sanduhr. Sie besteht aus zwei Glasbirnen, die durch eine schmale Öffnung miteinander verbunden sind. Dabei rinnt ein genau bemessenes Quantum Sand von dem einen Glas ins andere. Sanduhren hatten gleichfalls geringe Ganggenauigkeit, und sie mussten ständig umgedreht werden. Trotzdem waren sie noch im 18. Jahrhundert in Gebrauch und wurden als Zeitmesser vor allem von Seefahrern geschätzt. Auch die Öluhr erfreute sich in der frühen Neuzeit großer Beliebtheit. Es handelte sich dabei um eine gewöhnliche Öllampe mit einem gläsernen Reservoir. Auf dessen Skala konnte die Zeit nach Maßgabe des Ölverbrauchs abgelesen werden. Aber auch hier ließ die Genauigkeit der Zeitmessung noch zu wünschen übrig.

Im Jahre 1656 erfand der niederländische Naturforscher und Uhrenmacher Christiaan Huygens die Pendeluhr – ein neues Schwingungssystem, bei dem ein separat aufgehängtes Pendel seine Eigenschwingung an die Mechanik des Uhrwerks weitergibt. Jetzt wichen die ortsfesten Uhren pro Stunde nur noch um zehn bis fünfzehn Sekunden von der tatsächlichen Zeit ab. Huygens machte in den folgenden Jahrzehnten noch eine Reihe weiterer Erfindungen auf dem Gebiet der Uhrenmechanik. Sie bezogen sich sowohl auf die großen Pendeluhren als auch auf die tragbaren Kleinuhren.

Links: Breguet-Uhr aus Gold und Silber. Seltenes Stück mit Experimentaluhrwerk, hergestellt 1798.

Der Fortschritt in der Konstruktion von Uhren war nun nicht mehr aufzuhalten. Das 18. Jahrhundert erbrachte vor allem eine gesteigerte Präzision und Miniaturisierung der Werke. Jetzt erfreute sich die Taschenuhr großer Beliebtheit bei den Wohlhabenden. Sie wurde in der Tasche getragen oder am Gürtel befestigt. Die Uhrmacherkunst entwickelte sich vor allem zu einer westeuropäischen Domäne. Die großen Meister waren in der Mehrzahl Protestanten unterschiedlicher Glaubensrichtung, die sich in der Schweiz niedergelassen hatten. Hier gründeten sie viele Manufakturen, die zum Teil eine legendäre Bedeutung erlangten.

Einschneidend für die weitere, unsere Gegenwart prägende Entwicklung sollte schließlich das Aufkommen der Armbanduhren sein. Ihre Anfänge reichen bis in die Zeit zurück, als Abraham-Louis Breguet, einer der bedeutendsten Uhrmacher aller Zeiten, Ende des 18. Jahrhunderts ein Modell für die französische Königin Marie-Antoinette herstellte. Aber noch um 1900 trug allenfalls die Dame mit Sinn für das Extravagante eine Uhr um das Handgelenk.

Ihren Siegeszug trat die Armbanduhr erst nach dem Ersten Weltkrieg an, als die ersten Automatikwerke auf den Markt kamen und die Gehäuse außerdem stoßunempfindlicher und wasserdicht geworden waren.

Die vorerst letzte technische Revolution vollzog sich mit der Entwicklung der Quarzuhren. Bei diesen Werken ist das Zeitnormal ein Schwingquarz. Er besteht aus einem reinen Stück Quarzkristall, das mittels eines hochfrequenten elektrischen Wechselfelds zu Schwingungen angeregt wird. Da diese nahezu konstant sind (und wegen der hohen Zahl der Schwingungen), kann die Quarzuhr eine höhere Ganggenauigkeit garantieren. Erste Versuche mit Quarzschwingern für die Zeitmessung wurden schon in den 1930er-Jahren gemacht. Aber erst um 1970 war die Miniaturisierung der Bauteile so weit fortgeschritten, dass erste quarzgesteuerte Armbanduhren auf den Markt kamen. In der Folgezeit überschwemmte eine Welle neuer Uhrwerke aus Japan den europäischen Markt. Für die traditionellen Manufakturen begann jetzt eine schwierige Phase der Anpassung an veränderte Marktverhältnisse.

Doch das europäische Uhrmacherhandwerk wusste sich anzupassen, ohne die Liebe zur Tradition und das Bemühen um Virtuosität preisgeben zu müssen. Die Legende der Zeitmesser kann fortgeschrieben werden.

Oben: Eine für den türkischen Markt hergestellte Taschenuhr von Breguet, hergestellt 1806.

Oben: Schmuckuhr (Christie's, London). Nebenstehend: Pendeluhr aus Gold und Kristall in Form eines Kruzifixes, Anfang 17. Jahrhundert (Christie's, London).

Links: Tischuhr mit Kalender, Minuten- sowie Mondphasenanzeige und Wecker auf drei exzentrischen Zifferblättern, hergestellt von Breguet 1928 (Christie's, London).

Eine „Nachtversion" der Tourbillon Krono, mit schwarzem Zifferblatt und weißen Ziffern.

Der Uhren-Architekt

Ein Chronograph mit originellem Design, das vom Zifferblatt und von der Unterseite den Blick auf das Tourbillon freigibt.

Geprägt von seinem kunstgewerblichen Studium, aber auch von seiner Ausbildung bei dem überaus renommierten Grafiker und Designer Met de Penninghen, betätigte sich Alain Silberstein zunächst auf dem Gebiet der Innenarchitektur. Dann begann er sich auf das Uhrmacherhandwerk zu konzentrieren. Alain Silberstein vertritt die Ansicht, dass die Technik die Kreativität seines Handwerks oftmals zu stark in den Hintergrund drängt. Er möchte, dass die Technik stattdessen in den Dienst kreativer Gestaltung gestellt wird. Ihm schweben Modelle von ebenso unkonventioneller Linienführung wie verspielter Eleganz vor, deren Ursprünge mehr mit den Künstlern des deutschen Bauhauses verbunden zu sein scheinen als mit den Werkstätten des Jura. Ohne Zweifel ist es dieser unorthodoxe Entdeckerdrang, der unseren „Uhren-Architekten", wie er sich gern selbst nennt, veranlasst hat, diesen Chronographen mit Tourbillon zu entwickeln – den ersten seiner Art, bei dem das Tourbillon sowohl vom Zifferblatt als auch vom Boden des Gehäuses zu sehen ist. Neben der Verwendung von kräftigem Gelb, Blau und Rot zur besseren Ablesbarkeit zeichnet sich diese Tourbillon Krono durch ihre ungewöhnlich geformten Zeiger aus, insbesondere den schlangenförmigen Sekundenzeiger sowie ferner die markant hervorstehenden Drücker. Dagegen wirkt das Zifferblatt sehr zurückgenommen. Es hat einen hellen Farbauftrag, in dem die arabischen Ziffern für die Minuten eingraviert sind, und drei Zifferblätter für die Zeitanzeige des Chronographen, 60 Sekunden bei 9 Uhr, 30 Minuten bei 3 Uhr und 12 Stunden bei 6 Uhr. Das Kompensationswerk des Tourbillon befindet sich bei 12 Uhr. Mechanisch ist die Tourbillon Krono mit einem manuell aufziehbaren Werk Lemania LWO 2387 ausgestattet. Es arbeitet mit 18800 Halbschwingungen pro Stunde. Silbersteins Tourbillon Krono verfügt über 25 Rubine und eine Gangreserve von 48 Stunden.

Ein Sache mit Tradition

Eine Art, mit Gelassenheit und Eleganz in das neue Jahrtausend zu gehen, als skelettierte Version oder mit silber gekörntem Zifferblatt.

Vor mehr als 100 Jahren hatte sich die Manufaktur im Schweizer Le Brassus an die Bewältigung des ewigen Kalenders gemacht. Seitdem ist kein Jahr vergangen, in dem die Neuerungen des letzten Jahres nicht weiterentwickelt wurden. Der zur Anzeige der Tage des Jahres bestimmte ewige Kalender muss eine der Hauptschwierigkeiten unseres Kalenders bewältigen – die unterschiedlich langen Monate (mit 30, 31 oder 28 Tagen) und die Schaltjahre. Uhren mit ewigem Kalender berücksichtigen diese Unterschiede ohne manuelle Korrektur bis zum 28. Februar 2100, wenn der gregorianische Kalender neu eingestellt werden muss. Am Vorabend des neuen Jahrtausends zeigt sich die Millenary diesen Schwierigkeiten gewachsen. Das Modell ist mit einem automatischen Werk ausgestattet. Diese gebündelte Intelligenz findet Platz in einem ovalen Gehäuse, das – gemessen an der komplexen Mechanik dieses Typs – mit erstaunlich wenig Platz auskommt. Ihre Eigenschaften verdankt die Uhr dem außergewöhnlichen Kaliber 2120, mit dem bereits das Modell mit ewigem Kalender aus dem Jahre 1978 ausgestattet war. Die Millenary wird in klassischer oder skelettierter Version geliefert. Das Zifferblatt ist bei der klassischen Ausführung silber gekörnt und weist einen Index mit arabischen Ziffern von unterschiedlicher Größe auf. Die Wochen des Jahres sind auf einem äußeren Ring eingetragen und werden mittels eines pfeilförmigen Zeigers angezeigt. Die vier Hilfsanzeigen bei 12, 3, 6 und 9 Uhr geben Jahr und Typ des Jahres (Normal- oder Schaltjahr), Monat, Mondphase und den Wochentag an. Bei der skelettierten Ausführung wird durch die transparente Scheibenarchitektur das Räderwerk sichtbar. Die beschrifteten Bereiche der Zählblätter sind in Mattrosa gehalten. Die Mondphasen werden auf einer Scheibe angezeigt, auf einem äußeren Sektor dieser Scheibe außerdem die Mondtage des ewigen Kalenders von 1 bis 29.

Ein Klassiker, an dem keiner vorbeikommt

Das Originalmodell von 1972: Robustheit und Klarheit kennzeichnen dieses betont maskuline Modell mit abgerundeten Kanten.

Dieser robuste und ungemein maskuline Sportchronograph besitzt eine vereinnahmende Eleganz; sie garantiert ihm seit fünfundzwanzig Jahren anhaltenden Erfolg. Auf einem Gehäuse aus rostfreiem Edelstahl ist eine achteckige Lünette befestigt, deren Kanten sorgfältig abgerundet sind. Diese Lünette wird von acht ebenfalls achteckigen Schrauben gehalten, welche den Charakter der Royal Oak noch stärker hervorheben. Die gleiche geometrische Form wurde für den Aufzug gewählt, dessen Bewegung durch einen kleinen viereckigen Anschlag gestoppt wird. Auf elegantem dunklem Hintergrund werden die Stunden in Form stiftförmiger heller Plättchen angezeigt; das Datum erscheint in einem rechteckigen Fenster bei 3 Uhr. In der Chronographenversion befinden sich die Hilfszifferblätter bei 3, 6 und 9 Uhr. Sie zeigen die Sekunden, Minuten und Stunden an. Der Chronograph wird mit einem Drücker aktiviert und angehalten; er befindet sich bei 2 Uhr. Die Rückstellung auf Null erfolgt mit dem Drücker bei 4 Uhr. In einem rechteckigen Fenster zwischen 4 und 5 Uhr wird das Datum angezeigt. Ausgestattet mit dem Kaliber 2385, musste sich die Chronographenversion der traditionellen Royal Oak den Vorgaben ihres Gehäuses beugen und durfte für das Werk eine Höhe von 5,5 mm nicht überschreiten. Die Royal Oak ist ein bemerkenswertes Wunder der Technik, die mit 21 600 Halbschwingungen pro Stunde arbeitet und mit 37 Rubinen ausgestattet ist. Die Uhr verfügt über ein sehr gefälliges, massives Armband mit Faltschließe.

Eine neue Chronographenversion: die Ausgewogenheit des Zifferblatts wird dank des versetzten Datumsfensters (zwischen 4 und 5 Uhr) gewahrt.

Die Uhr neu lernen

Ein Neuling benötigt schon einige Zeit, bis er sich mit dem einzigartigen System der Star Wheel vertraut gemacht hat. In einem bestechend schlichten Gehäuse aus 18-karätigem Gold finden wir ein guillochiertes Zifferblatt – mit seltsam anmutendem Mechanismus: An einem Zentralrad befinden sich drei gleich große Drehscheiben aus transparentem Saphir. Sie sind jeweils mit vier arabischen Ziffern, darüber ein kleiner Pfeil, versehen. Der Pfeil weist in einen konzentrischen Sektor von 120° mit einer Einteilung von 0 bis 60. Bei näherem Studium ist festzustellen, dass das Zentralrad bei seiner Drehbewegung eine der Ziffern der Scheiben auf die Minuteneinteilungen platziert. Das Zentralrad dreht sich alle drei Stunden einmal um sich selbst. Nach Vollendung der Drehung machen die transparenten Scheiben eine Vierteldrehung auf ihrem achtzackigen Stern und platzieren eine neue Ziffer auf die Minuten. Diese Mechanik, ist sie erst einmal entschlüsselt, zeichnet sich zuletzt durch verblüffende Einfachheit aus. Und dennoch mussten die Erben von Jules-Louis Audemars und Edward-Auguste Piguet zwei Jahre hart arbeiten, damit dieses von einer Uhr zu Anfang des 20. Jahrhunderts inspirierte Wunderwerk gelingen konnte. Das betont flache, von einem Zentralrotor aus 21-karätigem Gold angetriebene Uhrwerk kann durch einen Kristallboden bewundert werden – sehr zur Begeisterung der vielen Neugierigen, die sich stets aufs Neue von dieser Uhr in ihren Bann ziehen lassen.

Ein gewagtes Modell, das den nicht Eingeweihten zunächst verblüfft. Drei Scheiben für die 12 Stunden des halben Tages weisen auf die vergehenden Minuten, ein Vergnügen der besonderen Art.

Audemars Piguet | ***Taschenuhr mit vielen Komplikationen***

Ein brillantes Festival

Eine feminine Uhr, deren luxuriöse Ausstattung das technische Wunderwerk beinahe vergessen lässt. Kenner wissen den wahren Wert dieser Technik zu schätzen.

Auf den ersten Blick scheint dieses Modell der Manufaktur aus Le Brassus vor allem aufgrund seiner außergewöhnlichen Juwelierarbeiten bemerkenswert: Nicht weniger als 288 funkelnde Diamanten und 96 Diamant- sowie 86 Smaragd-Baguetten, ferner sechs Smaragdcabochons verzieren das Zifferblatt und den Gehäusemittelteil mit der immerhin recht beachtlichen Masse von insgesamt 47,45 Karat. Doch wirft man einen Blick auf die vielen Zeiger des Zifferblatts dieser Taschenuhr, wird ersichtlich, dass sich hinter einer brillanten Fassade ein wahres Wunderwerk der Technik verbirgt. Insgesamt zehn Komplikationen sind in diesem Schmuckstück mit den gefälligen Abmessungen von 39,5 mm Durchmesser und 8,5 mm Dicke enthalten. Zum Angebot dieser Taschenuhr gehören ein ewiger Kalender mit Anzeige der Mondphasen und des Schaltjahres (=insgesamt acht Komplikationen), aber auch eine Minutenrepetition und ein Chronograph. Die Zähler des Hauptzifferblatts sind in guter Ausgewogenheit angeordnet. Wir finden bei 3 Uhr die Anzeige des Tages im Monat des ewigen Kalenders. Die Mondphase und die aktuellen Sekunden lassen sich in einem bei 6 Uhr liegenden Sektor ablesen. Bei 9 Uhr befindet sich die Anzeige des Wochentags, bei 12 Uhr die des Monats (die Anzeige enthält alle Namen der 48 Monate eines vier Jahre umfassenden Schaltzyklus) sowie auf dem äußeren Ring der Minutenzähler der Chronographenfunktion. Diese arbeitet mit zwei zentralen Sekundenzeigern, was man als „portugiesische Rattrapante“ zu bezeichnen pflegt. Durch Trennung der beiden Zeiger, die beim Aktivieren des Chronographen gleichzeitig zu laufen beginnen, können Zwischenzeiten gestoppt werden. Die Minutenrepetition schlägt mit Hilfe von zwei kleinen Hämmern (mit tiefem und mit hellem Ton) die Stunden, Viertelstunden und Minuten. Dazu muss am Gehäusemittelteil der bei 9 Uhr befindliche Zug gespannt werden.

Audemars Piguet

Damenuhr mit Minutenrepetition und Carillon

Ein erlesenes Modell mit anglierten und polierten Kanten, die Seiten sind abwechselnd satiniert und spiegelpoliert.

Der Dame zu Ehren

Die Minutenrepetition entstand aus dem Bedürfnis, die Uhrzeit auch ohne Lichtquelle und Leuchtzeiger erfahren zu können. Diese Komplikation wurde um die Mitte des 18. Jahrhunderts erfunden und wird gewöhnlich durch Betätigung eines Zugs oder Drückers in Gang gesetzt. So erklingt eine Reihe von Tönen zur Feststellung der seit Mitternacht vergangenen Stunden, Viertelstunden und Minuten. Die Minutenrepetition gilt als eine der komplexesten Zusatzfunktionen bei mechanischen Armbanduhren. Die renommierten Uhrmachermeister stehen traditionsgemäß miteinander im Wettstreit, um diese Mechnanik zu perfektionieren. In jüngster Zeit hat die Manufaktur Audemars Piguet rund zehn Jahre für die Entwicklung eines außergewöhnlichen Modells aufgewendet. Es ist für die Dame gedacht und weist einen erstaunlich hohen Grad der Miniaturisierung auf. Mehr als 340 Teile bei einem Volumen von zwei Kubikzentimetern unterzubringen scheint ein aussichtsloses Unterfangen zu sein, berücksicht man, dass diese Minutenrepetition zur Familie der so genannten Carillonrepetitionen gehört. Für ein Carillon muss eine Minutenrepetition drei Tonlagen mit unterschiedlichen Klängen aufbieten, um die Viertel zu schlagen – ein Viertel mit drei Klängen (zwei mit sechs, drei mit neun). Wenn die Feder des Schlagwerks mit dem Zug der Repetition gespannt ist, treten die winzigen Hämmerchen in Aktion und stimmen die Töne an. Ein erstes Hämmerchen schlägt die Stunden mit einem tiefen Ton an, ein zweiter die Minuten mit einem hohen Ton, dann schlagen die drei Hämmerchen zusammen die Viertel mit einem Glockenspiel an.

Mechanisch gesehen funktioniert diese Damenuhr mit einem Werk, das mit 33 Rubinen ausgestattet ist. Die Gangreserve beträgt dabei 48 Stunden. Das Zifferblatt weist einen Stundenindex mit römischen Ziffern auf, die auf einem wellenförmigen guillochierten Untergrund aufgetragen sind und hübsch wirken.

Ein kleiner Hauch von Nostalgie

Die Gründung des Unternehmens resultierte aus der Begegnung zwischen William Baume, Erbe des 1830 gegründeten Hauses Baume, und dem renommierten Juwelier Paul Mercier im Jahre 1918. Rasch richtete sich das Unternehmen auf die Anfertigung von Schmuckuhren aus, die den Firmengründern auch den erwünschten Erfolg bescherten.

Selbst wenn man beim Anblick der Hampton mit Wehmut an die 1930er-Jahre denkt, steht sie modernen Uhren in nichts nach. Das gewölbte Stahlgehäuse mit abgerundeten Ecken beherbergt ein mechanisches Werk mit automatischem Aufzug und einer Gangreserve von 48 Stunden. Das Saphirglas folgt der leichten Wölbung des Gehäuses und ist dem Gehäusemittelteil perfekt angepasst. Das Zifferblatt, vorzüglich ablesbar, zeigt auf Altsilberhintergrund die Stunden mit ausgesparten arabischen Ziffern an. Eine Hommage an die bewegten Jahre zwischen den beiden Weltkriegen ist dic fcin ausgcarbcitctc Typographic der Ziffern. Die Minuten werden auf einer achteckigen Schiene angezeigt, die die rechteckige Form des Zifferblatts noch zusätzlich unterstreicht. Ein Fenster bei 6 Uhr dient zur Anzeige des Datums. Bei 3 Uhr befindet sich die Aufzugskrone mit eingeschlagenem griechischen Buchstaben *phi* – Symbol für perfekte Proportionen und Signet sowie Gütesiegel der Firma Baume & Mercier. Diese Hampton, mit einem durchgenähten Lederarmband mit Faltschließe versehen, ist bis maximal 30 Meter Tiefe wasserdicht. Ihr Werk (8 3/4 Linien und 20 Rubine) hat das Kaliber ETA 2000 und arbeitet mit 28 800 Halbschwingungen pro Stunde.

Kürzlich wurde die Kollektion um das Hightech-Modell Hamptom K erweitert. „K“ steht für die Aramidfaser Kevlar – das Material, aus dem das Armband der Uhr gefertigt wurde. Dieses Modell K besticht mit seinem vereinfachten Zifferblatt auf schwarzem Grund. Es weist eine kleine Sekunde bei 6 Uhr auf sowie facettierte, mit Tritium belegte Anzeigen.

Ob in ihrer urbanen, nostalgisch anmutenden Version mit Stahlgehäuse und Lederarmband oder in der sportlicheren Version K aus poliertem Stahl und Kevlar – die Hampton lässt Freunde der Eleganz schwärmen.

Bell & Ross | Hydro Challenger 11100

Bei den Marianen, einer Inselgruppe im westlichen Pazifik, befindet sich ein Tiefseegraben mit der größten je gemessenen Meerestiefe („Challenger-Tiefe") von etwa 11 100 Metern.

Die Hydro Challenger 11 100 verdankt ihre Zuverlässigkeit u. a. einer bedeutenden technischen Innovation, dem Füllen des Gehäuses mit flüssigem Silikon unter Vakuumbedingungen.

Und die Funktion schuf die Form

Ganz in der Tradition von Professionalität und Effizienz der Marke Hydro Challenger verbirgt sich bei dem Modell 11 100 hinter äußerst schlichtem Design eine technisch bemerkenswert komplexe Taucheruhr. Um ihre Eigenschaften und die Herkunft ihres Namens herauszufinden, versetzen wir uns in die Region der Marianen, eine abseits gelegene Inselgruppe im westlichen Pazifik. Die Besonderheit des Ortes: ein Tiefseegraben, dessen Rekordtiefe von 11 100 Metern als „Challenger-Tiefe" bezeichnet wird. Dieser Graben wurde den Technikern von Bell & Ross zur Herausforderung. Sie perfektionierten ein bereits bei der Hydro 8000 angewandtes Verfahren, d. h. das Füllen des Uhrengehäuses im Vakuum mit flüssigem Silikon. Dieses vermag den enormen Druckkräften standzuhalten, die im Challenger-Bereich vorherrschen. Die Uhr ist absolut wasserdicht, der schwimmende Boden ermöglicht sogar den Ausgleich der Dehnung des Silikons bei Temperaturschwankungen. Darüber hinaus wird durch das in der Lünette vorhandene Silikon die unter Wasser stets auftretende Spiegelwirkung eliminiert, was das einwandfreies Ablesen des Zifferblatts sicherstellt.

Die mit einem matten Edelstahlgehäuse versehene Hydro Challenger 11 100 ist mit einem Quarzuhrwerk ausgestattet, dessen Batterie eine Lebensdauer von 7 Jahren hat. Die Uhr zeigt Stunden, Minuten und Sekunden sowie in einem Fenster bei 3 Uhr das Datum an. Die gerändelte Aufzugkrone ist bei 4 Uhr angeordnet, was das Aufziehen erleichtert. Auch die Lünette ist gerändelt. Ihre 60-Minuten-Skala dient zur exakten Fixierung eines bestimmten Zeitpunkts. Ein unbeabsichtigtes Vorstellen der Lunette wird durch eine Sperre verhindert; sie lässt die Drehung nur in Richtung der kürzeren Zeitdauer zu. Nicht ohne Eleganz ist das tiefschwarze, UV-schutzbehandelte Zifferblatt. Der Index mit arabischen Ziffern und die Zeiger sind aus Tritium, um auch unter extrem schlechten Lichtverhältnissen eine zufrieden stellende Ablesbarkeit zu gewährleisten.

Die Extremuhr Hydro Challenger 11 100 wurde so konstruiert, dass sie selbst den Druckkräften tiefster Gewässer standhalten kann.

Erotische Minutenrepetition mit galanten Szenen

Der „kleine Palast" des Marquis

Der 1693 geborene Jehan-Jacques Blancpain gründete sein Unternehmen 1735 in Villeret im Schweizer Jura.

Niemand weiß, ob der Marquis de Sade vor seiner Einkerkerung in den dunklen Gewölben der Bastille das Vergnügen hatte, eine der Uhren mit erotischen Szenen zu erwerben, die sich ab Ende des 18. Jahrhunderts großer Beliebtheit erfreuten. Die Nachfrage war in der Schweiz damals so groß, dass das Konsistorium in Genf und das Pastorenkolleg von Neuchâtel anordneten, die Herstellung dieser anstößigen Uhren zu verbieten und alle beschlagnahmten Modelle zu vernichten. Nach ihrem Verbot wurden die erotischen Uhren immer seltener, bis sie schließlich ganz in Vergessenheit gerieten. Erst seit etwa zwanzig Jahren finden sie bei Sammlern wieder verstärkt Anklang.

Diesen Trend machte sich das von Jehan-Jacques Blancpain 1735 gegründete Unternehmen in Le Brassus zunutze und beschloss 1993 die Einführung einer außergewöhnlichen Kollektion in oben genannter Tradition des 18. Jahrhunderts. Hinter dem Boden des Gehäuses, unter Saphirglas verborgen, bieten die Automaten Täfelchen mit erotischen Szenen – graviert oder feueremailliert. Letztere sind ganz außergewöhnlich: Der Reichtum an Farben und das auf einer Schicht von wenigen Mikrometern simulierte Relief bestechen. Um dies zu erreichen, haben die Meister von Blancpain zunächst zahlreiche, teils sehr gewagte Szenen entwerfen lassen, die von der Malerei und den Zeichnungen der galanten Künstler von einst inspiriert sind. Anschließend wurden die Bewegungen an Modellen aus Karton simuliert. Daran schloss sich die Ausführung der Arbeiten in Metall an, jeweils mit Rücksicht auf die durch das Gehäuse der Uhr vorgegebenen Maße. Man hat es bei diesen Uhren mit mehr als einer künstlerischen Meisterleistung zu tun. Denn nach ihrem Einbau in das Gehäuse müssen die Automaten ihre Mechanik mit dem ohnehin schon hoch komplexen Mechanismus der Minutenrepetition koordinieren, mit dem das Uhrwerk ausgestattet ist. Wenn die beiden Hämmerchen aktiviert werden, die unterschiedliche Töne anschlagen, um die seit der letzten zwölften Stunde vergangenen Stunden, Viertel und Minuten anzuzeigen, setzen sich die verborgenen Täfelchen in Bewegung.

Schon die Ausführung einer Komplikation, zum Beispiel einer Minutenrepetition mit handgefertigten Teilen, die feiner als ein Menschenhaar sind, darf als Meister-

Zuerst werden Kartonmodelle ausgeführt, die von den galanten Bildern von einst inspiriert sind. Nachdem die verschiedenen beweglichen Komponenten entworfen sind, beginnt der Graveur mit der Ziselierung des Metalls, ohne dabei das Original auch nur einen Augenblick aus den Augen zu verlieren.

leistung des Uhrmacherhandwerks gelten. Man kann sich deshalb die Probleme vorstellen, die die Einfügung der Mechanik der Automaten bedeutet hat. Und trotzdem passen die 320 Bauteile, aus denen dieses kleine Meisterwerk besteht, in einen Raum von kaum einem dreiviertel Kubikzentimeter! – eine wirklich großartige Leistung bei einem Handaufzugswerk mit einem Durchmesser von nur 23,5 mm und einer Dicke von lediglich 3,3 mm. So klein das Uhrwerk auch ist, es wird den anspruchsvollen Käufer gewiss nicht enttäuschen. Dafür sorgen eine Frequenz von immerhin 21 600 Halbschwingungen pro Stunde, 31 Rubine und eine Gangreserve von 44 Stunden. Das runde Zifferblatt der Uhr, das die Vorderseite der Minutenrepetition schmückt, wirkt so schlicht, dass der Laie den hohen Kaufpreis der Uhren dieser kleinen Kollektion kaum verstehen dürfte. Einen Hauch Eleganz bringen bei einigen Modellen der weiße Hintergrund mit Index in römischen Ziffern und eine einfache kleine Sekunde bei 6 Uhr.

Eine sehr brav aussehende Uhr, in deren Gehäuseboden sich aber kleine galante Automaten verbergen. Sie bewegen sich im Rhythmus der Hämmerchen der Minutenrepetition.

Im Gedenken an die Anfänge

In das berühmte Kaliber 1735 mit seinem Rotor in einer ziselierten und guillochierten Platine sind als Markenzeichen die Buchstaben JB eingeschlagen. Die Platine ist ebenfalls guillochiert, und alles ruht auf der beachtlichen Zahl von 44 Rubinen.

Aus Anlass des 250. Geburtstags der ältesten Uhrenmanufaktur bedurfte es eines Meisterwerks, welches den Gedenktag würdig zu ehren versteht. Um dem Geist des Gründers Jehan-Jacques Blancpain gerecht zu werden, wurde beschlossen, sechs Komplikationen der Uhrmacherkunst im Gehäuse einer Armbanduhr unterzubringen. Das Vorhaben war höchst ambitiös, denn es galt, eine der kompliziertesten Armbanduhren der traditionellen Uhrmacherkunst zu schaffen.

Im Inneren dieses eleganten, schwungvollen Rundgehäuses, das nicht mehr als 11 Millimeter dick ist, befinden sich eine Mondphasenanzeige, ein ewiger Kalender, eine Chronographen-Rattrapante, ein Tourbillon und eine Minutenrepetition. Die Mondphasen werden in einem bei 6 Uhr angeordneten Sektor angezeigt, über dem sich eine Schiene mit der Darstellung des Tages des Mondkalenders befindet. Der ewige Kalender mit Berücksichtigung der Schaltjahre verwendet die Hilfszifferblätter zur Anzeige von Wochentag, Monat und Datum (bei 9, 12 und 3 Uhr). Auf dem Zifferblatt bei 3 Uhr befindet sich auch der Minutenzähler des Chronographen, der mithilfe des bei 2 Uhr angebrachten Drückers aktiviert und angehalten werden kann. Die Nullstellung erfolgt mit dem bei 4 Uhr platzierten Drücker. Aufgrund der Rattrapantenfunktion können mit dem Chronographen auch Zwischenzeiten gestoppt werden, und zwar dank eines zweiten Schleppzeigers und eines dritten Drückers, der in die Aufzugskrone integriert ist. Wenn die Chronographenfunktion aktiviert ist, setzen sich die beiden Zeiger gleichzeitig in Bewegung. Durch Betätigen des Drückers bei 3 wird der zweite Schleppzeiger angehalten, und der erste setzt seinen Lauf fort. Bei erneutem Betätigen des Drückers bei 3 schließt der zweite Schleppzeiger sofort zum ersten auf und setzt seinen Lauf fort. Damit all diese Funktionen mit höchster Präzision ausgeführt werden können, haben die Uhrmacher von Blancpain die 1735 mit einem Tourbillon versehen – einer Vorrichtung, mit der die Wirkung der Erdanziehungskraft auf den Mechanismus aufgehoben wird. Das Herz des Uhrwerks befindet sich dabei in einem kleinen, um seine Achse rotierenden Käfig. Die letzte Komplikation schließlich ist eine Minutenrepetition. Dieses Mitte des 18. Jahrhunderts entwickelte ingeniöse System gestattet nach Spannen eines kleinen Zugs die Erzeugung verschiedener Töne.

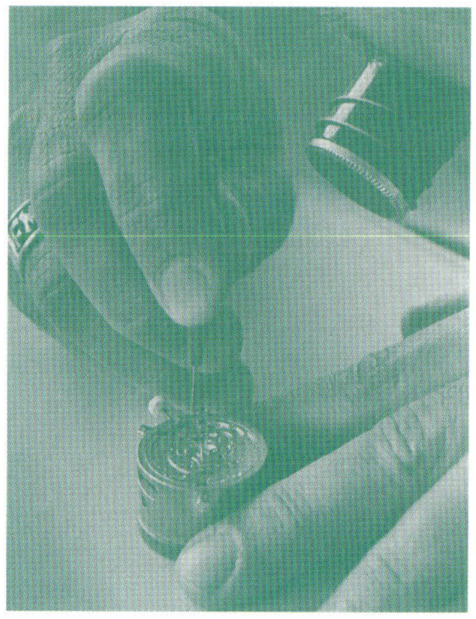

Hier wird ein Werk geölt. Für das gute Funktionieren des Räderwerks ist es wichtig, dass das Öl exakt den Dichte- und Flüssigkeitskriterien entspricht.

Sie zeigen die Stunden, Viertelstunden und Minuten an, die seit Mitternacht (bzw. dem letztem Mittag) vergangen sind. Die Minutenrepetition funktioniert dank einer Anzahl von Kardangelenken und Federn, die winzige Hämmerchen aktivieren. Sie schlagen unterschiedliche Töne an. Durch die Unterseite des Gehäuses blickt man auf die 740 Bauteile dieses ultraflach ausgelegten Mechanismus. Als Erstes fällt der Blick dabei auf den prächtigen Rotor in einer voll ziselierten Platine. Das Werk hat eine Gangreserve von 48 Stunden, arbeitet mit stündlich 21 600 Halbschwingungen und ist auf 44 Rubinen gelagert.

Dieses Modell verkörpert eine großartige technische Leistung. Voller Stolz erklärte deshalb auch die Geschäftsleitung des Unternehmens: „Seit 1735 gibt es bei Blancpain keine Quarzuhren. Es wird auch nie welche geben."

Dieses 11 mm dicke, ultraflache Meisterwerk der Uhrmacherkunst vereint in sich einen ewigen Kalender mit Mondphasenanzeige, eine Chronographen-Rattrapante, einen Tourbillon und eine Minutenrepetition.

Eine aktualisierte Version; sie ist robust und massiv. Diese (schon ihre Vorgängermodelle auszeichnenden) Merkmale sind eine Art Markenzeichen der Uhr.

Fünfzig Faden unter der Meeresoberfläche

Fifty Fathoms gibt es in zahlreichen Ausführungen – als Tachometer, Chronograph etc. Der Markterfolg ist seit 28 Jahren ungebrochen. Hier sind zwei Modelle der 1960er-Jahre aus Stahl abgebildet.

Die Stimmung im Saal der Filmfestspiele von Cannes des Jahres 1956 war sehr emotionsgeladen, als die Jury dem Kommandanten Jacques-Yves Cousteau für den Dokumentarfilm *Die schweigende Welt* die Goldene Palme verlieh. In diesem Film wurde erstmals einer breiten Öffentlichkeit der Zauber der Unter-wasserwelt in aller Eindringlichkeit nahe gebracht. Diesem filmischen Meisterwerk standen Wagemut und technisches Können in nichts nach, welches Cousteaus Taucherteam damals auszeichnete. An ihren Handgelenken trugen die Männer ein unentbehrliches Werkzeug, die Fifty Fathoms (=Fünfzig Faden). Sie diente dazu, die Dekompressionsstufen einzuhalten. Ohne diese zu beachten, konnten die Taucher nicht unbeschadet an die Meeresoberfläche zurückkehren.

Den Anstoß zu ihrer Entwicklung gaben zu Beginn der 1950er-Jahre Robert Maloubier und Claude Riffaut, zwei erprobte Kampfschwimmer der französischen Marine. Fünfzig Faden (=91,45 m) – das bedeutet die Tiefe, in der man mit Pressluft gerade noch schwimmen kann. Fifty Fathoms – das bedeutet, bis zu dieser Tiefe ist die Uhr wasserdicht. Bei der Fifty Fathoms lassen sich alle wichtigen Einstellungen auch unter Wasser vornehmen. Ihr schwarzes Zifferblatt ist mit Leuchtziffern versehen; dabei werden die Stunden durch weiße Punkte, die 3., 6. und 9. Stunde durch rechteckige Stifte sowie die 12. Stunde über ein nach unten gerichtetes Dreieck angezeigt. Das (nach außen) gewölbte Lupenglas hält dem Wasserdruck gut stand und verbessert die Lesbarkeit des Zifferblatts. Die Lünette, gerändelt und mit einer Skala versehen, ist drehbar. Der Mechanismus dient dazu, die unter Wasser verbrachte Zeit und den Pressluftverbrauch anzuzeigen. Für diese Anzeige genügt es, im Augenblick des Eintauchens die dreieckige Markierung der Lünette mit dem Minutenzeiger auszurichten. Die abgelaufene Zeit entnimmt man sodann der Skala der Lünette. Um größtmögliche Wasserdichte zu gewährleisten, verfügt die Fifty Fathoms über ein robustes Edelstahlgehäuse mit verschraubtem Boden und stabilen Dichtungsringen.

Boucheron | *Rechteckige Uhr mit Stabornamenten*

Der kleine Luxus des Alltags

Eine unnachahmliche Silhouette, ein rechteckiges Gehäuse mit Stabornamenten und das berühmte Armband mit unsichtbarer Schließe, das sich dem Handgelenk des Trägers anpasst.

Für einen Juwelier wie Boucheron ist eine Uhr, selbst wenn sie ein Instrument zur Zeitmessung bleibt, vor allem etwas Elegantes und Ästhetisches. Im Jahr 1948 meldete das berühmte Unternehmen von der Pariser Place Vendôme ein Exklusivpatent an, das nach und nach zu einem anderen Image führte. Es handelte sich dabei um eine unsichtbare Schließe für das Armband. Sie funktioniert dank eines Systems von Schiebern im Gehäuse. Zu Beginn der 1990er-Jahre wiederholte sich der Erfolg dieses Systems, und zwar mit der Möglichkeit für die Käufer des berühmten Modells, Farbe und Werkstoff ihres Armbands zu verändern und ihrer Garderobewahl anzupassen. Diese überaus einfache mit dem Quarzkaliber ETA ausgestattete Uhr zeichnet sich vor allem durch die Eleganz und Originalität ihres Gehäuses aus – eines reinen, leicht gewölbten Rechtecks, dessen enge Metallwellen dezent das Licht einfangen. Das ebenfalls rechteckige Zifferblatt, etwas dicker als das Gehäusemittelteil, kommt in verschiedenen Ausführungen vor, ohne Index, nur mit zwei kleinen Stabzeigern, oder mit Index aus römischen Ziffern, zentralem Sekundenzeiger und Datumsfenster bei 6 Uhr. Über der zwecks besserer Bedienung gerändelten Aufzugskrone befindet sich der Boucheron-typische Saphir. Letzte Feinheit dieses eleganten Schmuckstücks ist eine im Uhrglas verdeckt angebrachte Markierung. Wenn man leicht auf das Uhrglas haucht, lässt der Wasserdampfs das Logo der Marke erscheinen, die in einen Stein eingelassene Säule der Place Vendôme. Dieses Logo ist eine feine Glasgravur nach Art eines diskreten Stempels, der unaufdringlich die Authentizität der Uhr anzeigt.

Breguet | *Montre à tact 1160*

Die Zeit berühren

Diese „montre à tact“, ein außergewöhnlich kostbares Kunstwerk, hat ein rundes Gehäuse aus Gold, dessen Oberfläche mit reinem transparenten Blau emailliert ist. Den Deckel ziert ein Stiefmütterchen aus Diamanten.

Wer würde heute noch an den Marquis de Santiago, den gelehrten Adeligen aus Navarra und Briefpartner von Diderot denken, wäre er nicht von dem Maler Goya mit den Zügen eines jungen Mannes verewigt worden. Nach Art eines Incroyable gekleidet, stützt sich dieser mit dem Ellbogen vor unbekannter Landschaft in dunklen Tönen auf einen Stein. Man schreibt das Jahr 1801. Noch einmal in diesem Jahr scheute der Marquis keine Kosten, denn er erwarb, dieses Mal in Frankreich, eine „montre à tact“ aus dem Hause Breguet. Die Besonderheit dieser nach den Revolutionsjahren auch in der Familie des Kaisers beliebten Uhr besteht darin, dass die Zeit durch Abtasten erfahren werden kann. Ein erhabener Pfeil ist auf der Außenseite des Gehäuses angebracht, und die Markierungen für die Anzeige der Stunden befinden sich auf dem Gehäusemittelteil. Mit einer einfachen Bewegung der Hand in der Tasche, in der sich die Uhr befindet, kann man sie gleichsam im Verborgenen lesen. Das Modell des Marquis ist besonders außergewöhnlich, weil es emailliert und verziert ist – eine Seltenheit, wenn man bedenkt, dass solche Schnörkel nicht unbedingt dem Geschmack von Breguet entsprachen.

Das goldene Gehäuse in Form einer Savonnette wurde nach dem Guillochieren mit reinem durchscheinenden Blau emailliert, um die Gravurarbeiten hervorzuheben. Der erhabene Pfeil ist ebenso mit Diamanten besetzt wie das stilisierte Stiefmütterchen auf dem Deckel. Die mit den Fingern zu berührenden Teile auf dem gerippten Gehäusemittelteil sind ebenfalls mit Diamanten besetzt. Über einer exzentrischen Stundenanzeige aus Weißsilber mit schwarzen arabischen Ziffern öffnet sich der goldene Staubdeckel mit der Gravur „Breguet“. Das Ganze wird von einem Werk mit 14 Linien aus vergoldetem Messing beseelt. In der Mitte befindet sich das Federhaus, die Hemmung erfolgt durch Zylinder mit Rubinen.

Links: Der Gehäuseboden ist mit einem erhabenen diamantbesetzten Pfeil verziert. Die Stellung des Pfeils und die Markierungen am Gehäusemittelteil ermöglichen das Ablesen der Zeit durch Berührung.

Nebenstehend: Unter dem Deckel befindet sich eine exzentrisch angebrachte Stundenanzeige, die ein genaueres Ablesen der Zeit gestattet.

Modell »sautant tournant«

Geboren 1747, eröffnete Abraham-Louis Breguet im Alter von 28 Jahren seine erste Werkstatt in Paris. Dem genialen Uhrmacher verdanken wir die meisten der heute noch für mechanische Uhren mit Komplikationen verwendeten Patente.

Der Pfeil der Zeit

Im Jahre 1926 präsentierte die Manufaktur Breguet – seit 1870 im Besitz der Familie Brown – ein innovatives Verfahren, das ganz dem verrückten Geist der Jahre zwischen den Weltkriegen entsprach. Auf dem von einer goldenen Lünette eingefassten Zifferblatt erscheint ein stilisierter Art-déco-Pfeil, der mit sich ausbreitenden Strahlenbündeln graviert ist. Sie sind im Wechsel mit Graugold und Gelbgold plattiert. Am Ausgangspunkt des Pfeils wird in einem trapezförmig ausgeschnittenen Fenster in arabischen Ziffern die jeweilige Stunde des Tages angezeigt. Man spricht in diesem Zusammenhang von „springenden Stunden", weil die Scheibe des Stundenfensters nach jeder Stunde direkt zur nächsten springt. Das Zifferblatt mit dem Pfeil ist beweglich; die Pfeilspitze zeigt auf die Minuten. Deren Skala befindet sich auf einem äußeren Ring. Die Minutenskala enthält keine Ziffern. Die Positionen von 3, 6, 9 und 12 Uhr werden durch plattierte Dreiecke in Gelbgold angezeigt, die Skaleneinteilung von 5 bis 5 erfolgt in Form von plattierten Rhomben in Graugold. In Gelbgold plattierte erhabene Punkte markieren die Minuten. Der Aufzug befindet sich bei 12 Uhr. Das Werk, ein Kaliber mit 16 Linien, verfügt über einen Kronenaufzug und 18 Rubine. Die Uhr zeichnet sich durch eine Ankerhemmung mit gerader Linie aus; die bimetallische Unruh ist aufgeschnitten.

Das elegante Prinzip eines sich drehenden Zifferblatts mit springender Stunde wurde später auch von anderen Herstellern verwendet.

Diese verspielte Taschenuhr mit der Bezeichnung „sautant tournant" ist eine Erfindung des Hauses Breguet. Die Uhr war bei der gehobenen Gesellschaft der 1930er-Jahre sehr beliebt.

Der Stolz der Vizekönige

Die Taschenuhr 4254/717 mit zahlreichen Komplikationen entspricht der unverwechselbaren Klarheit und Eleganz, um die sich das Haus Breguet zu Beginn des 19. Jahrhunderts verdient gemacht hatte.

Die letzten Nachfahren von Mehmed Ali, Said Pascha und Ismail Pascha.

Die letzten Vizekönige von Ägypten, Nachfahren aus der Dynastie von Mehmed Ali, erhielten eine betont europäische Erziehung. Sie gestattete ihnen, einerseits die politischen Spiele der Kolonialmächte zu durchschauen und sich andererseits mit den technischen Errungenschaften Europas vertraut zu machen. Die ägyptische Oberschicht trug damals schon Uhren des Hauses Breguet. Deshalb fand sie es ganz natürlich, dass der Vizekönig von Ägypten, Said Pascha, sein Auge auf eine der schönsten Kreationen des Hauses Breguet geworfen hatte. Die astronomische Uhr 4254/717 ist von bemerkenswerter Klarheit. Sie birgt in ihrem extrem flachen Gehäuse mit guillochiertem Zifferblatt zahlreiche Überraschungen. Zunächst verfügt sie über eine Anzeige der Stunden und Minuten mit „springender Stunde“, d.h., der Stundenzeiger springt direkt zur nächsten Stunde, wenn der Minutenzeiger die Null passiert. Die eleganten römischen Ziffern befinden sich auf einem besonderen Feld. Das Hauptzifferblatt bietet noch zwei Hilfszifferblätter, eines für die Sekunden bei 9 Uhr und eines für den Monat des Jahres bei 3 Uhr. Bei 6 Uhr wird in einem Fenster in der Form eines Kreissegments die Zeitgleichung geboten, das heißt die Differenz zwischen der mittleren und der wahren Sonnenzeit, was pro Tag einen Unterschied von +16 bis –16 Minuten ausmachen kann. Außen am Stundenzifferblatt befindet sich bei 12 Uhr das Fenster zur Anzeige der Mondphasen. Hier werden u.a. die Tage des Mondmonats angezeigt. Bei 2 bzw. 10 Uhr befinden sich die Fenster für den jeweiligen Tag des ewigen Kalenders. Die wertvollste Komplikation der Uhr ist eine mechanische Repetition der halben Viertel mit einem einzigen Schlag und einem einzigen Hammer, der gegen ein kleines Zwischenstück aus Stahl schlägt. Dieses Zwischenstück ist zur besseren Klangqualität als Feder ausgeführt. Das Uhrwerk befindet sich in einem mit „Gerstenkörnern“ guillochierten Doppelgehäuse aus Gold.

Tourbillonskelett 281

Durch den Saphirboden dieser Tourbillonskelettuhr lassen sich auf der Platine die Komponenten der Rädermechanik vorzüglich einsehen.

Eine Augenweide

Das Modell ist eine Hommage an den Gründer der 200 Jahre alten Manufaktur. Der vertiefende Blick führt hinein in die Komplexität der vielen Komponenten. Sie werden von einem Tourbillon bewegt, wie es seit Ende der 1980er-Jahre bei Armbanduhren Verwendung findet.

Als echtes Wunderkind der Uhrmacherkunst pflegte Abraham-Louis Breguet eine große Leidenschaft, die Leidenschaft für technische Wunderwerke. Ihm wird die wohl eindrucksvollste Sammlung von Erfindungen und Patenten zugeschrieben. Viele der heutigen Komplikationen gehen auf ihn zurück; die komplexeste davon ist zweifelsohne das Tourbillon. Dieses um 1800 von Breguet erfundene und im Juni 1801 patentierte System zur Regulierung kompensiert die Fehler und Schwankungen aufgrund der unvermeidbaren Veränderungen der Lage dieser Uhren. Um das Tourbillon auszuführen, hatte Breguet die Idee, das Werk in einem Gehäuse anzuordnen, das sich in einem bestimmten Zeitraum von 1, 4 oder 6 Minuten um 360° dreht. Die entstehenden Fehler kompensieren sich dabei gegenseitig. Zu Beginn des 19. Jahrhunderts waren die Tourbillonuhren sehr beliebt. Heute erleben sie, wie man sagen könnte, ihren „zweiten Frühing"; denn im Jahre 1988 gelang es den Uhrmachern des Hauses, das System so zu miniaturisieren, dass es in eine Armbanduhr eingebaut werden konnte. Eine weitere Besonderheit des Modells 281 besteht darin, das sein gesamter Mechanismus (das „Skelett") sichtbar ist. Uhren dieses Typs besitzen zahlreiche Teile, die ausgespart sind. Denn sie sollen das darunter befindliche Räderwerk für den Betrachter sichtbar machen. Die goldenen Befestigungspunkte sind prachtvoll guillochiert und machen aus dieser Uhr ein echtes Schmuckstück, das eigentlich nur Freunde haben kann. Der Stundenzähler mit römischen Ziffern ist bei dieser Tourbillonskelettuhr exzentrisch nach oben versetzt.

Linear angeordneter ewiger Kalender

Geordnete Ewigkeit

Die Komplikationen, die das Haus Breguet im Verlaufe seiner Geschichte umgesetzt hat, ließen keine Alternative zu dem Gebot, die Uhrwerke noch weiter zu perfektionieren. Mit diesem linear angeordneten ewigen Kalender, der 1997 zum Patent angemeldet wurde, gelang es Breguet, die Armbanduhr mit einem Werk zu versehen, das die Funktionen des ewigen Kalenders und des Instantjahressprungs miteinander vereint, wobei alle Indikationen auf einer von 6 nach 12 Uhr verlaufenden senkrechten Achse angeordnet sind. Diese Anordnung erinnert an ein Taschenuhrmodell von 1812, das mit einer kleinen Sekunde bei 6 Uhr und einer Anzeige des Wochentags bei 12 Uhr versehen war, während ein zentraler schlangenförmiger Zeiger den Monaten und ein großer goldener Zeiger dem Datum galt. Das Armbanduhrenmodell von 1997 strahlt die für das Haus charakteristische überzeugende Strenge und Eleganz aus. Auf dem Zifferblatt untergebracht sind: bei 12 Uhr ein Fenster für die Anzeige des Wochentags, ein kleines, zentral angeordnetes Hilfszifferblatt für den Monat des Jahres, ein zentraler Stundenzähler und ein zweites Hilfszifferblatt bei 6 Uhr, das mit zwei konzentrischen Kreisen versehen ist, die den Tag und Monat des Jahres und das Schaltjahr anzeigen. Durch die Instantjahresanzeige werden Probleme beim Ablesen aufgrund der fortgesetzten Bewegung des Zeigers der vier Jahre vermieden. Bislang war die lineare Anzeige nur möglich, wenn bestimmte Funktionen des Mechanismus zurückgestellt wurden. Um zu erreichen, dass die Indikationen linear und simultan angezeigt werden können, beruht der linear angeordnete ewige Kalender auf einem Exzenter mit 48 Einkerbungen für die 48 Monate, die im Laufe der vier Jahre (inklusive ein Schaltjahr) vergehen. Wenn die Uhr läuft, greift das Stundenrad (1) in das 24-Stundenrad (2) ein, das jeden Tag die große Waage (4) verstellt, die den Stern mit sieben Spitzen um eine Einkerbung weiter bewegt. Ein mit der

Das Funktionsschema des Kalibers 7707, das den augenblicklichen Jahressprung (Instantjahressprung) der Indikationen des ewigen Kalenders gestattet.

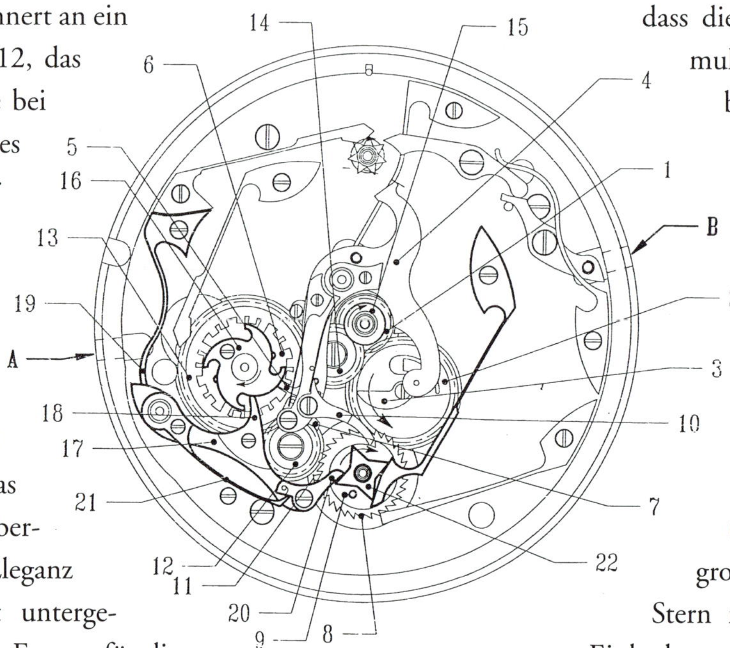

Breguet hatte von Anbeginn an berühmte Kunden, auch gekrönte Häupter. Es gibt auch Zeugnisse aus der Weltliteratur über Uhren aus diesem berühmten Haus. So ließ beispielsweise Balzac in „Eugénie Grandet“ eine der Personen sagen: „Er zog die wertvollste flache Uhr hervor, die Breguet hergestellt hatte ... “

großen Waage (4) gelenkig verbundener Fühler (5) entnimmt die Indikationen der Dauer der Monate von der Welle mit 48 Monaten (6), während die kleine Radhemmung (7), die mit dem unteren Teil der großen Waage verbunden ist, jeden Tag das Datumsrad mit 31 Zähnen (8) bewegt. Ein nachstellender Exzenter (9) gestattet das Vorstellen des Tagesrads um einen Tag bzw. zwei oder drei Tage für die kürzeren Monate. Wird ein neuer Monat angezeigt, geht die Monatsindikation (12) um einen Zahn weiter. Ist der Exzenter der 48 Monate am Ende des vierjährigen Zyklus angekommen, löst sich der Fühler und greift wieder in den Exzenter der vier Jahre ein. Zur Veränderung der Anzeige verfügt der linear angeordnete ewige Kalender über zwei äußerst einfach zu bedienende, in das Gehäusemittelteil integrierte Regler. Mit Regler A können alle Indikationen des ewigen Kalenders um einen Tag vorgestellt werden, Regler B ermöglicht die individuelle Korrektur der Wochentage. Der Boden des Zifferblatts ist mit einem Zwiebelhautmuster guillochiert, das Gehäusemittelteil kannelliert. Im Innern dieses schlichten runden Gehäuses verbirgt sich ein automatisches Werk mit 35 Rubinen (Kaliber 502 QPL), nummeriert und von Breguet signiert.

Extreme Schlichtheit bei einem Modell, das der Tradition der Uhren Abraham-Louis Breguets verpflichtet ist.

Breguet | *Taschenuhr mit Repetition 2603*

Der toskanische Duft des Empire

Elisa Bonaparte, die Schwester Napoleons I., wurde von ihrem Bruder zur Großherzogin der Toskana ernannt. Hier steht sie mit ihrer Tochter Napoléone-Elisa dem Maler Pietro Benvenuti Modell.

Diese elegante und schlichte Taschenuhr verfügt neben der Anzeige der Stunden und Minuten über einen Kalender mit 30 Tagen, wobei die 0 für den 31. Tag steht.

Als Napoleon das Königreich Toskana seiner ältesten Schwester Elisa anvertraute, war er sich sicher, dass sie sich die Belange der Region zu Eigen machen würde. In der Tat regierte sie mit Klugheit und Energie, förderte u. a. den Bergbau, die Landwirtschaft und das verarbeitende Gewerbe. Später beglückwünschte sich Napoleon selbst zu dieser „überaus aktiven Herrscherin und Frau“, die über mehr Kenntnisse in der Führung von Staatsgeschäften verfüge als die fähigsten Diplomaten. Die Uhr, die sie 1813 bei der Manufaktur Breguet bestellte, passte bestens zu ihrem Charakter. Dieses einfache und schlichte Modell weiß durch seine ungewöhnlichen Details und eine besondere Eleganz zu bestechen. Das guillochiertes Tavernier-Goldgehäuse umschließt ein exzentrisches Zifferblatt aus fein guillochiertem Silber. Das Uhrwerk ist ein Kaliber mit 15 Linien aus vergoldetem Messing mit Zylinderunruh, Waage sowie Fallschutzeinrichtung mit Zapfen und Spirale aus blau angelassenem Stahl. Die Stunden werden mit römischen Ziffern auf einem bei 3 Uhr angeordneten Feld angezeigt. Der Minutenzeiger ist zentral angeordnet, der Index befindet sich auf dem äußeren Umlauf des Zifferblatts. Dieses schmale Band enthält nur die Ziffern 15, 30, 45 und 60; die Einteilungen werden durch kleine kreisförmige Vertiefungen angezeigt, wobei die jeweiligen Fünftel einer Stunde eine größere Markierung haben. Der Blick fällt auf die rechteckigen Absätze mit den Ziffern an jedem der vier Kardinalpunkte. Das kleine Hilfszifferblatt bei 9 Uhr zeigt den Tag des ewigen Kalenders an. Die Nummerierung der Monatstage reicht nur bis 30, die Null dient zur Anzeige des 31. Tages. Nach dessen Anzeige bleibt der Zeiger stehen und muss auf den ersten Tag des folgenden Monats gestellt werden. Im Bestreben nach Klarheit und Ästhetik variiert das Motiv der Guillochierung bei den Hilfszifferblättern. Dieses Modell ist schließlich noch mit einer Repetition der Viertel ausgestattet, d. h. einem Läutewerk, das jede Viertelstunde schlägt.

Der berühmte Pianist Arthur Rubinstein besaß nicht nur eine Leidenschaft für die Musik, sondern auch für Uhren. Er hatte eine Sammlung erlesener Modelle zusammengetragen, wozu auch diese Taschenuhr mit Thermometer von Breguet gehört.

Ein anderes Maß der Zeit

Diese Uhr hat nicht nur eine für das Haus eher ungewöhnliche Form, sie zeigt auch mit Hilfe eines aus zwei Metallzungen bestehenden Thermometers Temperaturschwankungen an – eine Zeitmessung der besonderen Art für diejenigen, die sich mit der einfachen Anzeige der Uhrzeit nicht zufrieden geben.

Arthur Rubinstein, einer der bedeutendsten Klaviervirtuosen des 20. Jahrhunderts, setzte neue Maßstäbe bei der Interpretation von Werken wichtiger Komponisten, u.a. von Chopin. Auch Rubinstein war Stammkunde des Hauses Breguet, wo er gern vorsprach, wenn eine Konzertreise ihn nach Paris führte. Er besaß eine Reihe von Modellen dieser berühmten Manufaktur. Leider wurden ihm eines unglücklichen Tages einige davon aus seinem Zimmer im New Yorker Walldorf-Astoria-Hotel gestohlen. Die hier vorgestellte Uhr mit Thermometer gilt als besondere Rarität. Denn es handelt sich dabei um das einzige ovale Modell, das die Manufaktur in ihrer langen Geschichte hergestellt hat. Zunächst fertigte Breguet 1822 das so genannte „Trugbild einer Taschenuhr für ein Porträt". Der Auftrag kam aus dem Adel. Breguets Trugbilder enthielten an Stelle des Uhrwerks ein gemaltes Porträt. Ein Jahr später bat ein Fürst den Meister, ihm ein Uhrwerk in das Doppelgehäuse aus guillochiertem Gold einzubauen, das er in der Zwischenzeit erworben hatte. Es handelte sich bei dieser Uhr um ein Kaliber mit 17 Linien. Die Zylinderunruh trug eine flache Spirale mit Bimetallkompensation auf dem Rechen. Das Bimetallthermometer, das unter dem Zifferblatt auf der vorderen Platine angebracht ist, schleppt mit doppeltem Rechen einen Zeiger.

Das Stundenzifferblatt mit einem Index in römischen Ziffern wurde exzentrisch nach oben gesetzt. Die Minuteneinteilung erfolgt mittels vertieft gravierten Punkten auf einem konzentrisch außen um das Zifferblatt angeordneten Kreis. Auf einem konzentrisch innen angeordneten Kreis wird der Tag des ewigen Kalenders angegeben. Die Temperaturanzeige mit Réaumur-Skala befindet sich bei 6 Uhr. Man beachte besonders die Eleganz des Thermometerzeigers, der so genannten „sich verjüngenden Lanze" aus blau angelassenem Stahl. Das gesamte Zifferblatt besteht aus fein guillochiertem Stahl.

Eine alte Bekannte

Die »Type XX Transatlantique« – Hommage an das vergangene Engagement des Hauses Breguet in der Luftfahrt.

Kaum ein Uhrenmodell kann sich rühmten, ein so langes Leben im Dienst der französischen Streitkräfte gehabt zu haben wie die „Type XX“, mit der Teile der französischen Luftwaffe in den Jahren zwischen 1954 und 1979 ausgerüstet waren – fast fünfundzwanzig Jahre gute und loyale Dienste, darunter im Indochina- und Algerienkrieg. Auch andere Marken hatten sich auf die Ausschreibung der französischen Armee beworben, darunter Vixa, die es heute nicht mehr gibt, aber auch Costes, Daudane und Evin. Die Bezeichnung „Type XX“ stammt nicht von Breguet, sondern von der Luftwaffe. Für Breguet war die offizielle Anerkennung durch die Luftwaffe ein Meilenstein in der Zusammenarbeit der Firma mit einem öffentlichen Auftraggeber. Dabei waren die Kontakte zur Fliegerei aus Sicht der Familientradition durchaus nahe liegend. Denn seit Louis Breguet ist die Firma aufs Engste mit der Fliegerei verbunden gewesen. Louis, 1880 geborener Nachfahre des Firmengründers, hatte sich schon frühzeitig der aufstrebenden Luftfahrt verschrieben. Im Jahr 1907 konstruierte er einen Drehflügler, einen Vorläufer der modernen Hubschrauber, 1909 einen Doppeldecker, 1912 Wasserflugzeuge und im Jahre 1915 die ersten Bomber. Seine berühmte Breguet 14 galt 1917 als eine wichtige Waffe im Kampf der Alliierten gegen die Deutschen. Seit 1924 zeichnete sich Louis Breguet durch Langstreckenflüge in der zivilen Luftfahrt aus. Als Hommage an die unvergessenen Pioniertage der Luftfahrt legte das Haus Breguet 1998 die „Type XX“ in der Version Transatlantique neu auf. Es handelt sich dabei um einen großformatigen Chronographen mit elegantem schwarzen Zifferblatt und einem klassischen Rundgehäuse aus Gelbgold mit kannelliertem Gehäusemittelteil. Der Index besteht aus arabischen Leuchtziffern, die zwecks besserer

Verschiedene von 1955 bis 1963 angefertigte Versionen der „Type XX“. Die beiden oberen Uhren haben zwecks besserer Handhabung mit Handschuhen eine gerändelte Lünette.

Die „Type XX“ des Flugversuchszentrums mit der von den Piloten so sehr geschätzten Funktion „Rückstellung im Flug“ und dem überdimensionierten 15-Minuten-zähler bei 3 Uhr.

Ablesbarkeit massiv ausgeführt sind. Eine kleine Sekunde befindet sich exzentrisch angeordnet bei 9 Uhr, während zwei Hilfszifferblätter das Ablesen der seit Ingangsetzung der Chronographenfunktion vergangenen Stunden und Minuten gestatten. Diese Zifferblätter befinden sich bei 6 und bei 3 Uhr. Der bei 4 Uhr angebrachte Drücker ermöglicht die Rückstellung auf Null und den sofortigen Start des zentralen Sekundenzeigers – die berühmte Funktion „Rückstellung im Flug“. Sie ermöglicht das Ablesen von Flugzeiten, die aufeinander folgen. Diese Funktion ist besonders nützlich, da Kursänderungen unter Berücksichtigung der Fluggeschwindigkeit manchmal in sehr kurzen Zeitabständen vorgenommen werden (was nicht gestattet, zwei Schritte nacheinander zu machen). Schon der Fehler von lediglich einer fünftel Sekunde kann einen Richtungsfehler von Dutzenden von Kilometern zur Folge haben. Die „Type XX Transatlantique“ (Kaliber 582Q, 25 Rubine) verfügt über einen automatischen Aufzug mit 13 3/4 Linien. Sie wurde für optimale Zuverlässigkeit in fünf Positionen eingestellt.

Version mit Platingehäuse und lackiertem nachtblauen Zifferblatt – eine Uhr mit vorbildlich guter Ablesbarkeit.

Computer am Handgelenk

Blick in das Uhrwerk des Navitimer. Es besteht aus 250 Einzelteilen und ist mit einer Spirale versehen, die großen Temperaturunterschieden standhält, auch hohen Beschleunigungen (bis zu 10 G).

Im Jahr 1952, kaum zehn Jahre nach Einführung des Chronomaten, dessen Rechenintelligenz bereits zahlreiche Entfernungs- und Geschwindigkeitsberechnungen erlaubte, brachte die Firma Breitling ein außergewöhnliches Modell heraus, den Navitimer. Das Modell setzte im Bereich der Luftfahrt neue Maßstäbe.

Hinter einer funktionalen Ästhetik von erstaunlicher Eleganz, die übrigens bei allen späteren Auflagen gewahrt blieb, verbirgt sich ein Chronograph, dessen Leistungen durch einen ausgeklügelten Rechenschieber (einen „Navigationscomputer") beeindrucken. Dieser wird mit der beweglichen Lünette bedient.

Die Chronographenfunktionen lassen sich mit einem bei 2 Uhr befindlichen Drücker aktivieren und stoppen, die Nullstellung erfolgt mit einem zweiten Drücker bei 4 Uhr. Das erste Patent für einen Drücker an Chronographen wurde übrigens 1923 von Gaston Breitling, das Patent für den zweiten Drücker 1934 von dessen Sohn und Nachfolger Willy angemeldet. Beides waren bedeutende Patente; sie sprechen für das besonderen Verhältnis, das die Firma zu Chronographen hat.

Die bei 3, 6 und 9 Uhr befindlichen Hilfszifferblätter dienen zur Indikation der Sekunden, Stunden und Minuten. Die Stunden werden mit gelben arabischen Ziffern auf weißem Untergrund angezeigt; um das Hauptzifferblatt sind zwei konzentrische telemetrische Skalen angeordnet. Eine dritte Gradeinteilung ist zwecks besserer Handhabung in die bewegliche gerändelte Lünette eingraviert. Diese besonders für die Bedürfnisse der Piloten entwickelten Skalen haben Geschwindigkeitsangaben in Meilen pro Stunde, Kilometer pro Stunde und Seemeilen.

Hinter dem komplexen Äußeren verbirgt sich aber eine einfache Bedienung des Navitimer. Um an Bord eines Flugzeugs, das mit einer Geschwindigkeit von 156 Meilen pro Stunde (MPH) fliegt, die Dauer eines Flugs für beispielsweise 486 Meilen zu berechnen, genügt es, die auf der beweglichen Lünette befindliche Anzeige 15,6 auf die MPH-Indikation des Zifferblatts zu stellen und bei der Angabe 48,6 auf der Lünette sodann den entsprechenden Wert auf dem schwarzen Zifferblatt abzulesen: 187 Minuten.

Kürzlich wurde der Chronograph unter der Bezeichnung Old Navitimer neu aufgelegt. Das Minutenzifferblatt befindet sich nun bei 12 Uhr, um Platz für die Datumsanzeige bei 3 Uhr zu schaffen.

Verschiedene Versionen des Navitimer, den Breitling seit mehr als vierzig Jahren vertreibt. Während all dieser Jahre sind die vielen Ratschläge der Piloten eingeflossen, die sich für dieses technische Meisterstück entschieden hatten.

Nehmen wir nun an, ein Pilot, dem ein Flug von 210 Minuten bevorsteht, möchte die Treibstoffmenge feststellen, die er benötigt. Er weiß, dass der Verbrauch pro Stunde 11,5 US-Gallonen beträgt, und stellt die auf der Lünette eingravierte Zahl 11,5 gegenüber der MPH-Anzeige ein. Dann liest er gegenüber der Zahl 210 den Wert auf der Skala ab: 40 Gallonen. Nachdem der Pilot getankt hat und gestartet ist, möchte er die Zeit für den Steigflug bis zum Erreichen seiner Reiseflughöhe von 7 400 Fuß ermitteln. Seine Steigrate beträgt 500 Fuß pro Minute. So stellt er die Zahl 50 auf den Wert 10 und liest das Ergebnis gegenüber der Lünette ab: dort steht 74, d. h. 7 400 Sekunden.

Wer festen Boden unter den Füßen liebt, kann mit dem Navitimer auch viele andere Rechenoperationen durchführen – er kann dividieren, multiplizieren oder Wechselkurse berechnen.

Der Navitimer von 1952, die offizielle Armbanduhr der Aircraft Owners and Pilots Association, wird heute als „Old Navitimer II“ bezeichnet. Er verfügt über ein Datumsfenster bei 3 Uhr, wobei die Hilfszifferblätter zwecks besserer Ablesbarkeit in Weiß gehalten sind. Das mit einem automatischen Werk Kaliber 13 ausgestattete Modell arbeitet mit 28 800 Halbschwingungen pro Stunde, hat 25 Rubine und hält einem Druck bis 10 G stand.

Die Neuauflage der Originalversion von 1952 mit der berühmten drehbaren Lünette. Diese Armbanduhr ist ein regelrechter Computer für die Berechnung der Flugdaten.

Die Magie eines großen Raubtieres

Diese 1949 für die Herzogin von Windsor angefertigte Pantherbrosche mit Saphiren und Diamanten auf einem Saphircabochon war den Künstlern des Hauses eine Quelle der Inspiration für neue Kreationen des Modells Panthère 1925.

Louis Cartier, ein begnadeter Juwelier, der zu Beginn des 20. Jahrhunderts zu großem Reichtum gelangt war, zeigte seine Leidenschaft für Tiere durch phantasievolle Kreationen von Vögeln, Schildkröten, Skarabäen etc. Erlesene Steine betonten dabei überaus gekonnt jeweils die Gestalt und die Farben dieser Tiere. Das Modell Panthère 1925 gewinnt seine ästhetische Note auch durch den Pantherschmuck. Die hohe Kunst des Juweliers zeigt sich vor allem in der Virtuosität, mit der er das Fell der Tiere unter Verwendung von weißen Diamanten und Onyx darzustellen wusste. Zu einem Mythos wurden die Schmuckstücke der Pantherfamilie aber erst durch die Herzogin von Windsor, die bei Cartier eine Brosche mit Panther in Auftrag gab. Das Tier ist mit Diamanten und Saphiren besetzt und sitzt auf einem Saphircabochon von 152,35 Karat. In jüngerer Zeit machte eine HochreliefFassung des Panthers von sich reden – eine sehr plastisch wirkende Kreation mit Waffelmuster. Bei dem 1996 als Erinnerung an die „tollen Zwanziger" kreierten Modell schmiegt sich der Panther um ein rundes Zifferblatt, dessen Stundenanzeige durch einen facettierten „Porträt"-Saphir von 7,14 Karat geschützt wird. Das Gehäuse aus Gelbgold enthält nicht weniger als 315 Runddiamanten von insgesamt 2,49 Karat und 15 Saphire von insgesamt 0,59 Karat. Das Ganze ist an einem Armband aus 359 Saphirkugeln von zusammen 57,49 Karat befestigt. Dieses Erinnerungsstück belegt das hohe Niveau der Juwelierarbeiten des Hauses Cartier.

Ein außergewöhnliches Modell, das beispielhaft die Schmuckuhren des Hauses verkörpert. Ein facettierter „Porträt"-Saphir schützt das Zifferblatt. Eingefasst wird dieses von einem mit 315 Runddiamanten besetzten Panther.

Die Armbanduhr Tortue in ihrer klassischen Version. Das Zifferblatt enthält eine Schiene zur Anzeige der Minuten und Stunden in römischen Ziffern.

Die Eleganz einer Handbewegung

Um die Mitte der 1920er-Jahre kamen die ersten Armbanduhr-Chronographen auf; dazu gehörte auch das Modell Tortue von Cartier. Tortue hatte einen einzigen statt einer Vielzahl von Drückern, die ein Gehäuse schwerer machen. Hinter der betont schlichten Eleganz dieser Uhr verbirgt sich ein äußerst komplexer Mechanismus: Die Funktionen werden durch die Spindel des Aufzugs gesteuert und sind über die Steuerwippe mit dem Kolonnenrad verbunden. Um den Chronographen zu aktivieren, genügt ein Druck auf die Krone der Uhr. Mit einem zweiten Druck werden die Zeiger des Chronographen angehalten; erneutes Drücken bringt sie in die Nullstellung zurück. Um die Präzision noch zu verbessern, kamen die Uhrmacher von Cartier ferner auf die Idee, den Zeiger des Chronographen mit einem Gegengewicht auszubalancieren. Die Eleganz der Handbewegung findet ihre Entsprechung bei einem Blick auf das Zifferblatt. Heute hat Cartier eine aktualisierte Version dieses Modells auf dem Markt. Es ist mit einem mechanischen Laufwerk Manufacture mit Handaufzug ausgestattet (Kaliber Cartier 045 mit 11 Linien und 22 Rubinen). Das Zifferblatt aus 18-karätigem Gold ist guillochiert. Um eine bestmögliche Ablesbarkeit der Minutenanzeige zu gewährleisten, hat man sich auf die Anzeige von Mittag (bzw. Mitternacht) beschränkt und sie römisch ausgeführt. Auf dem bei 3 Uhr befindlichen Zifferblatt werden die Minuten angezeigt. Das Zifferblatt bei 9 Uhr dient zur Anzeige der Sekunden. Eine Schließe aus 18-karätigem Gold ist die kostbare Zierde des Armbands.

Eine sehr elegante Chronographenausführung mit einem einzigen, in die Aufzugskrone integrierten Drücker. Damit werden die Zeiger des Chronographen aktiviert, angehalten und auf Null gestellt.

Der Boden aus weißem Saphir (= letzte Version der Tortue Chronographe mit einem Drücker) gibt den Blick auf die Brücken frei. Dort eingraviert sind die beiden verschlungenen C.

In den Spuren des Sieges

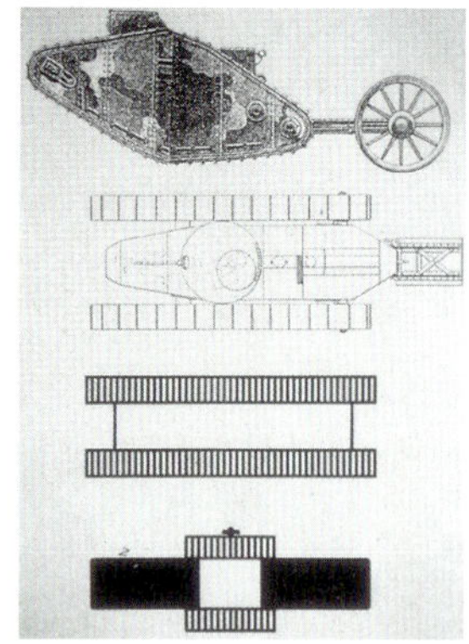

Cartier ließ sich von der Form der ersten von Renault gebauten Tanks inspirieren, die auf Seiten der Alliierten halfen, den Ersten Weltkrieg zu beenden.

Die leicht gewölbte seitliche Deichsel und ein Band aus breiten Gliedern tragen nicht unerheblich zur modernen Eleganz der Tank Française bei. Dieses Modell gehört zu einer Familie von Armbanduhren mit großer Tradition.

Die Hommage eines Juweliers an einen Panzer muss seltsam anmuten. Doch diese moderne Kriegswaffe faszinierte Louis Cartier so sehr, dass er im Jahre 1917 ein Modell von ganz eigener Eleganz und großer Schlichtheit kreierte. Dabei wurde er von der Form des von Renault gebauten Panzers (im Querschnitt) inspiriert, der seine Feuertaufe im Ersten Weltkrieg erlebte. Cartier überreichte das von 1919 an auf dem Markt befindliche Modell Tank damals dem amerikanischen General Pershing (ohne dessen Truppen der Ausgang des Weltkriegs wohl zweifelhaft gewesen wäre). Die Tank sollte zu einer ganzen Serie von Nachfolgemodellen führen: 1921 die Tank Cintrée, 1922 die Tank Chinoise und die Tank Allongée, 1926 die petite Tank, 1928 die Tank à guichets (= mit Fenstern), 1932 die Tank Basculante, 1989 die Tank Américaine und 1996 die Tank Française. Letztere gibt es in zwölf Versionen, darunter befindet sich auch ein hervorragender Quarz-Chronograph mit drei Hilfszifferblättern. Die äußerst elegant geformte Tank Française ist rechteckig und weist eine starke Wölbung auf. Dabei sind die Bandanstöße in die parallel angeordneten Längsstreben („Deichsel") integriert. Diese umgeben das rechteckiges Zifferblatt wie die Ketten eines Tanks. Der strenge Gesamteindruck der Uhr wird durch die abgerundeten Umrisse etwas gemildert. Die dunklen römischen Ziffern rahmen das Zifferblatt ein und verleihen ihm seine unverwechselbare Note. Dazu trägt auch der versilberte Boden bei, dem durch das rechteckige Dessin der Minutenanzeige ein diskreter Rhythmus eingegeben ist. Unverkennbar knüpft die mit einem Saphircabochon besetzte Aufzugskrone an die Tradition an. Zur vorzüglichen Ablesbarkeit tragen auch die schwertförmigen Zeiger aus blau angelassenem Stahl bei. Zahllose Persönlichkeiten des öffentlichen

Ein Modell der Tank L. C. mit sorgfältig poliertem Gold und mit einer Deichsel, die an den Enden abgerundet ist. Diese Rundungen sollen die Uhr ein wenig schmiegsamer machen.

Eine Neuauflage des berühmten Modells Tank Basculante, bei der sich das Gehäuse um eine Achse von 3 bis 9 Uhr drehen lässt, um das Glas vor Stößen zu schützen.

Lebens entschieden sich in Vergangenheit und Gegenwart für das Modell. Der US-amerikanische Filmschauspieler Valentino, der zu den Ersten gehörte, die sie trugen, verlangte bei den Dreharbeiten zu dem Film *Der Sohn des Scheichs* (1926), sie in allen Szenen tragen zu dürfen. Was die jüngere Zeit anbelangt, so sei auf den Papst der Pop- Art, Andy Warhol, verwiesen; er zog seine Tank nie auf und sagte: „Ich trage sie nicht wirklich, um die Uhrzeit abzulesen ...“.

Für die Tank entschieden sich rasch viele Stars aus Frankreich und der übrigen Welt. Hier wird sie von Yves Montand, begleitet von Simone Signoret, in der Normandie getragen.

Ein „komischer Vogel“

Die heutige Neuauflage der Armbanduhr Santos aus Gold und Silber. Das Gehäuse weist die gleichen Merkmale auf wie das ursprüngliche Modell. Die aufgeschraubte Lünette, die das Zifferblatt einfasst, ist allerdings massiver geworden. Neu ist auch das Datumsfenster bei 6 Uhr.

Dieses Modell ist seit fast einem Jahrhundert das Symbol der Freundschaft zwischen Louis Cartier und dem brasilianischen Luftfahrtpionier Alberto Santos-Dumont, dem ersten Besitzer dieser Uhr. Die Santos gehörte zu den ersten Uhren mit Lederarmband – eine epochale Neuerung zu Anfang des 20. Jahrhunderts. Ganz im Sinne der Unternehmenskultur von Cartier wurde die Santos 1904 nach einer Anfrage entwickelt, die Alberto am Ende einer Luftfahrtschau an seinen Freund Louis Cartier richtete. Ersterer hatte sich soeben über die unbequeme Handhabung seiner Taschenuhr in der Luft beim Fliegen beklagt. Alberto war der Sohn eines brasilianischen Milliardärs; er steckte sein gesamtes Privatvermögen in die zivile Luftfahrt, deren Entwicklung damals noch in den Kinderschuhen steckte. Die Pariser Wohnung des Dandys und Exzentrikers war mit zwei Meter hohen Tischen ausgestattet. Die Stühle dazu bestieg man mit einer kleinen Trittleiter. Santos entwarf zahlreiche Flugmaschinen, darunter die berühmte Demoiselle, mit der er als Erster über 100 Meter weit flog. Das mit einem rechteckigen Goldgehäuse und eingelassenen Bandanstößen versehene Modell Santos verfügt über eine am Gehäuse aufgeschraubte Lünette. Deren Ecken sind abgerundet, was die Raffinesse des Zifferblatts aus weißem Email noch unterstreicht. Die Minutenanzeige erfolgt auf einer rechteckig ausgelegten Schiene. Das ganze Design ist eine Lektion in Sachen Eleganz. Sie findet ihren Abschluss durch eine mit einem Saphircabochon besetzte Aufzugskrone in Perlenform. Als das Modell 1994 seinen 90. Geburtstag feierte, wurde eine limitierte Serie aus Platin aufgelegt. Die bordeauxroten Ziffern des Rotgoldzifferblatts sind handgemalt. Bereits 16 Jahre zuvor war eine sportlichere Ausführung auf den Markt gekommen.

Golduhr nach dem für Alberto Santos-Dumont geschaffenen Modell aus dem Jahre 1904. Das Original besaß Breguet-Zeiger.

Modell Tag und Nacht mit springender Stunde, bei der die Stunden des Tages und der Nacht in zwei verschiedenen Sektoren angezeigt werden. Der zentrale Zeiger ist an seinen Enden mit einer Sonne und einen Mond geschmückt.

Die Laune einer Majestät

Eine urbanere Version aus 18-karätigem Gelbgold. Das Zifferblatt mit rechteckiger Minutenschiene ist betont schlicht gehalten.

Hier zeigt die runde und massive, robuste und elegante, sportliche und raffinierte Pasha ihre majestätischen Linien. Sie wurde 1985 als Hommage an den Pascha von Marrakesch entworfen, der Anfang der 1930er-Jahre bei Louis Cartier eine wasserdichte Uhr in Auftrag gab, um sie beim Schwimmen tragen zu können. Die Uhr strahlt etwas Provozierendes aus, kann sich dank ihrer außergewöhnlichen Schlichtheit aber zugleich auch zurücknehmen. Die Pasha, in zahlreichen Versionen erhältlich, gibt zweifellos ihr Bestes als Chronograph aus Stahl mit automatischem Aufzug. Zwei Drücker bei 2 und 4 Uhr aus blauem Spinell in Cabochongröße dienen zum Aktivieren und Anhalten des Chronographen. Das präzise Ablesen der Stunden, Minuten und Sekunden wird mithilfe von drei Hilfszifferblättern bei 9, 3 und 6 Uhr ermöglicht. Das guillochierte, silbergekörnte Zifferblatt zeigt die Stunden durch Leuchtpunkte an, die in den Minutenindex eingelassenen sind. Sehr elegant wirken die rautenförmigen, tritiumbeschichteten Zeiger. Ein bei 6 Uhr befindliches Fenster zeigt das Datum an. Alle Einträge auf dem Zifferblatt wurden für eine optimale Ablesbarkeit vereinfacht. Der Pasha Chronograph, versehen mit drehbarer Lünette und Skala zum Messen der Tauchzeit, ist bis in 30 Meter Tiefe wasserdicht. Der Boden des Gehäuses besteht aus weißem synthetischen Saphirglas; er gibt den Blick auf den Mechanismus und den Rotor frei. Zur Erreichung größtmöglicher Präzision ist die Pasha mit einem Werk 205, 11,5 Linien, 37 Rubinen ausgestattet und arbeitet mit 21 600 Halbschwingungen in der Stunde.

Eine sehr maskuline Chronographenversion der Pasha aus Stahl, gemildert durch die Guillochierung des Zifferblatts und die Abschrägung der Lünette.

Diamanten in eingeschlossener Freiheit

Ein rechteckiges Gehäuse mit leicht gewölbten Seiten und ein rätselhaft wirkender tiefschwarzer Boden, auf dem sich eine Kaskade von Diamanten bewegt. Das Modell fängt den Esprit der 1970er-Jahre ein, als diese Uhr auf den Markt kam – die erste einer Serie, die noch immer fortgesetzt wird.

Ein Mann dreht sein Handgelenk, und seine Armbanduhr scheint eine Myriade sprühender Funken auszusenden. Wir befinden uns im Jahre 1977, als das erste Modell der Happy Diamonds in einer von den James Bond-Filmen inspirierten Werbung majestätisch seine beweglichen Diamanten funkeln lässt. Eingeschlossen von einer Glasplatte und einem Boden aus schwarzen Onyx, rollen die dreißig Diamanten bei jeder Armbewegung um ein zentrales Zifferblatt mit auffällig kleinen Zeigern. Insgesamt verströmt die Uhr den Charakter eines Modells zwischen Damen- und Herrenuhr. Die Uhrmacher der Manufaktur mussten erst endlose Geduldsproben bestehen, bevor dem Meisterwerk an Einfachheit und von funkelnder Brillanz 1977 die „Goldene Rose“ von Baden-Baden verliehen wurde. Diese Ehrung gilt als eine der wertvollsten Auszeichnungen für Schmuckdesign.

Der erste Ideengeber für die Happy Diamonds war Ronald Kurowski, seines Zeichens Designer bei Chopard. Bei einer Exkursion in den Schwarzwald fiel sein Blick auf die Tropfen eines Wasserfalles, und er träumte fortan davon, die Diamanten aus ihren Fassungen zu „befreien“. Diamanten kommen für ihn dann optimal zur Geltung, wenn sie in Bewegung sind und so die ganze Vielfalt des Lichts aufnehmen können. Wieder an seinen Arbeitsplatz zurückgekehrt, arbeitete Kurowski nun hartnäckig an der Umsetzung seiner Idee und legte 1976 dem Auswahlkomitee für die „Goldene Rose“ seine Skizzen vor. Allerdings wurde seine Begeisterung selbst in der Manufaktur nicht von allen geteilt. Wie überrascht

Im Jahre 1963 erwarb die Familie Scheufele die Genfer Manufaktur Chopard. Das Bild zeigt Karl, Caroline, Karin und Karl-Friedrich Scheufele.

Zwei Versionen von Happy Diamonds, bei denen die Diamanten die Hauptrolle spielen: 162 Diamanten, d. h. 2,23 Karat für die untere Uhr, 110 Diamanten, d. h. 2,03 Karat für die obere.

war er dann, als er erfuhr, dass das Projekt für die engere Auswahl bestimmt wurde. So musste das Modell innerhalb weniger Monate komplett hergestellt werden, um an der Endausscheidung auch tatsächlich teilnehmen zu können. Das missfiel den Uhrmachern gehörig, denn sie hielten das Modell für nicht machbar. Gegen die Herstellbarkeit sprach aus ihrer Sicht die Härte der Diamanten; sie würden das Glas verkratzen, das sie einschließt, meinten sie. Dann stellte sich das Problem von Krone und Aufzugsspindel, deren Verankerung den Weg der Diamanten um das Zifferblatt behindern musste. Dabei rechnete man jedoch nicht mit dem Engagement und der Hartnäckigkeit von Ronald Kurowski und Karl-Friedrich Scheufele aus der Unternehmensspitze von Chopard! Das erste Problem wurde dank eines sehr feinen Goldfutters an den Enden der Diamanten gelöst. Mit dieser mit bloßem Auge kaum sichtbaren Einfassung können sich die Diamanten frei bewegen, ohne das Glas oder den Onyxboden zu beschädigen. Nun blieb noch das Problem des Aufzugs der Uhr: Man löste es mit dem extrem kleinen Kaliber 2242 von ETA. So konnte die Mechanik zum Aufziehen und Stellen im reduzierten Raum am Gehäuseboden Platz finden. Die ersten in Basel vorgestellten Modelle fanden beim Publikum sofort großen Anklang. Folglich musste die Geschäftsleitung, die einen Markterfolg gar nicht in ihrem Kalkül hatte, rasch einen Namen für das Modell finden. Man taufte die Uhr „Happy Diamonds", weil diese Diamanten ohne festen Einschluss im Material in der Tat gleichsam „fröhlich" ihrem Bewegungstrieb folgen dürfen und kaskadenhaft ihren Lauf um das Zifferblatt nehmen.

Heute ist Happy Diamonds eines der Flaggschiffe bei Chopard. Die Kollektion enthält ein breit gefächertes Angebot, das vielen Ansprüchen an die Form des Gehäuses und an die Qualität der Edelsteine gerecht wird. Zwischen Kitsch und Schlichtheit dürfen die Damen heute wählen, was ihr Herz auch begehren mag.

Der Wind des weiten Meeres

Ein zwölfeckiges Gehäuse aus poliertem Stahl und der Bezug auf die internationalen nautischen Flaggen für den Stundenindex machen dieses originelle Modell zu einem begehrten Artikel für alle Freunde des Hochseesegelns.

Das Modell Admiral's Cup wurde im illustren Kreis der Hochseesegler zu einem Mythos. Es war bei seiner Markteinführung in den 1960er-Jahren zunächst quadratisch und galt damals als ein technisches Meisterwerk. Doch es mussten noch einmal fast zwanzig Jahre vergehen, bevor ein neues Modell mit dem Namen Lion Heart durch seine zwölfeckige Form anzeigte, wie das Design der Zukunft aussehen kann. 1983 entschied sich Jean-René Bannwart aus dem Direktorium von Corum für ein neues Modell, das den Namen Admiral's Cup aufgreifen sollte und dann unter der Bezeichnung Mumm Admiral's Cup eingeführt wurde (die Sieger der Regatta erhalten übrigens jeder eine dieser Uhren). 1987 gründet Corum sogar sein eigenes Team, das Corum Sailing Team.

Schon auf den ersten Blick unverkennbar ist die zwölfeckige Form des Gehäuses. Darüber hinaus zeichnet sich das Modell Admiral's Cup bei seiner klassischen Produktlinie durch einen Stundenindex mit nautischen Flaggen aus; er lässt das Herz eines jeden Hochseeseglers höher schlagen. Das Zifferblatt mit den emaillierten Zahlenflaggen auf weißem Grund macht jede Stunde zu einem Hymnus auf das Abenteuer der Meere. Diese nautischen Flaggen werden in der Seeschiffahrt zum Austausch von Sichtsignalen verwendet. Das Modell Admiral's Cup ist bis 30 Meter wasserdicht und verträgt die rauhe Behandlung, die zum Alltag einer Regatta gehört.

Der Saphirgehäuseboden gibt den Blick auf die strenge Mechanik frei (automatisches Kaliber Piguet 1185).

Eine elegante Chronographenversion, bei der die drei Hilfszifferblätter vorzüglich mit den nautischen Flaggen harmonieren und als Index dienen.

Corum | Tabogan

Die schwungvolle, elegante Linienführung der Tabogan lässt, wenn die Uhr geschlossen ist, nichts von der Komplexität ihres Mechanismus erahnen.

Perfekte Metamorphose

Ein leichter Druck auf die beiden kaum merklich aus dem gewölbten Gehäuse herausragenden Drücker genügt, um diese elegante Armbanduhr in eine Tischuhr zu verwandeln. Dank der gemeinsamen Bewegung dreier (um zwei Achsen angebrachter) Komponenten ist diese Verwandlung ein harmonischer Vorgang. Der als „Wiege“ bezeichnete doppelte Gehäuseboden der Armbanduhr dient als Sockel der Tischuhr. Die zweite (mittlere) Komponente ist die Lünette, die sich vom Gehäuse löst und der Tischuhr als Träger dient. Die dritte Komponente bildet das eigentliche Gehäuse. Es passt sich perfekt an die Lünette an, verstärkt die Formgebung des Modells und verleiht ihm in der Funktion als Tischuhr die unverwechselbare Silhouette. Die Form der Tabogan – ihre leichte Krümmung – führte auch zu ihrem Namen. Denn „Tabogan“ geht auf das Wort der Algonquin-Indianer Kanadas für einen vorn aufgebogenen Holzschlitten zurück. Im Inneren des Gehäuses aus Stahl befindet sich ein Index mit großen römischen Leuchtziffern. Die Ziffern sind weiß auf dunklem Grund ausgeführt. Bei einer anderen Version sind die Ziffern arabisch gehalten, und der Grund ist ein Gelborange. Die Minuten werden von kleinen Rechtecken mit Leuchtfarbe angezeigt. Die Sekunde hat einen zentralen Zeiger, und in einem Fenster bei 6 Uhr wird das Datum angezeigt. Auf dem Schnallendorn des Armbands sowie auf der Aufzugskrone befindet sich das Qualitätssiegel des Hauses Corum.

Die in eine Tischuhr verwandelbare Armbanduhr erhielt den „Roten Punkt“, einen der höchsten in Europa zu vergebenden Preise für gutes Design. Diese Auszeichnung wurde vom Designzentrum des Landes Nordrhein-Westfalen verliehen.

Die Beherrschung der Perfektion

Eine außergewöhnliche Komplikation, die auf dem einen Zifferblatt einen Stundenzähler und eine rückläufige Sekundenanzeige in drei Sektoren bietet, auf dem anderen die Angabe des Tages und der Gangreserve.

Bevor der Uhrmacher Daniel Roth sich wieder in seiner Heimat im Vallée de Joux (Schweizer Jura) niederließ, hatte er einige Zeit bei den Gebrüdern Chaumet in Paris verbracht. Dieser Aufenthalt ermöglichte ihm, das legendäre, von Breguet im Jahre 1801 zum Patent angemeldete Tourbillon wieder aufzugreifen. Er integrierte es in eine Armbanduhr. Das Tourbillon, ein sehr durchdachtes System, gestattet die Kompensation der durch die Erdanziehung verursachten Funktionsfehler, indem die Elemente der Unruh in einem kleinen runden Gehäuse untergebracht werden, das sich um seine Achse dreht. Nachdem Roth sich 1989 am Ufer des Lac de Joux niedergelassen hatte, begann er mit der Herstellung eines außergewöhnlichen Modells – der bis heute einzigen Tourbillon-Armbanduhr mit zwei Zifferblättern. Jede Tourbillon Double Face, die wie jede Uhr des Hauses von einem einzigen Uhrmacher angefertigt wird, enthält neben der Komplikation ihres Tourbillon auf drei konzentrischen Sektoren bei 6 Uhr eine höchst originelle Sekundenanzeige. Auf diesen von 0 bis 20, von 20 bis 40 und von 40 bis 60 numerierten Sektoren werden die Sekunden von drei (aufeinander folgenden) Zeigern unterschiedlicher Größe angezeigt. Das Tourbillon ist in der Achse dieser kleinen, exzentrisch angeordneten Sekunde sichtbar angebracht. Auf dem Hauptzifferblatt (oben) befindet sich die Stundenanzeige mit schwarzen römischen Ziffern auf liniertem Silberboden. Wenn man das gewölbte Goldgehäuse umdreht, erscheint auf dem Boden der Uhr ein zweites Zifferblatt mit Anzeige des Tages und der Gangreserve, die vierzig Stunden beträgt.

Ein Sprung ins neue Jahr

Dieses skelettierte Modell zeigt Meisterschaft und Know-how seines Schöpfers und enthüllt die Geheimnisse seiner Mechanik, um die Originalität besser darstellen zu können – den sofortigen Sprung zum nächsten Jahr, wenn es Mitternacht schlägt.

Diese skelettierte Automatikuhr mit ewigem Kalender (Quantième Perpétuel Instantané Automatique Squelette) ist ein weiteres Meisterwerk aus dem Hause Daniel Roth. Zunächst fällt die Besonderheit auf, dass Tag, Datum, Monat und Schaltjahr auf drei Hilfszifferblättern angezeigt werden. Diese sind so auf exzentrisch angeordneten Kreisen angebracht, dass der ganze Umfang des Uhrwerks sichtbar wird. Das Bemerkenswerte des Modells ist damit aber noch nicht benannt: Genau in dem Augenblick, in dem die Stunden- und Minutenzeiger am 31. Dezember die Mitternachtsstunde anzeigen, springen die Tages-, Datums-, Monats- und Jahreszeiger auf die neue Position (und bewegen sich nicht in langsamen Sequenzen dorthin). Diese Komplikation der Uhr ist von der Konstruktion her so aufwendig, dass die Produktion des Modells auf ein Exemplar im Monat beschränkt ist.

Doch nicht genug des Aufwands für die Freunde dieser Uhr: Sie wurde vollständig skelettiert, und ihre Platine sowie die Brücken tragen einen fein ausgearbeiteten Zierschliff („Genfer Streifen"). Alle Komponenten der Uhr sind in sorgfältiger Handarbeit angliert und poliert worden. Der Saphirglasboden auf der Rückseite gibt auch den Blick frei auf die regelmäßigen Bewegungen des Rotors aus 18-karätigem Massivgold. Er ist die Seele des Kalibers C117, mit dem diese außergewöhnliche Automatikuhr ausgestattet ist. Ihr Herz schlägt mit 28 800 Halbschwingungen pro Stunde. Daniel Roths Uhrwerk – untergebracht in einem Doppelfederhaus – verfügt über eine Gangreserve von 38 Stunden. Es ist mit 26 Rubinen bestückt.

Unnachahmliche britische Eleganz

Die Eleganz eines Edelsteins dank des Glases mit drei Facetten, die sich auf dem Gehäusemittelteil fortsetzen.

Der Name Alfred Dunhill ist seit Anfang des 20. Jahrhunderts untrennbar mit der Vorstellung einer durch und durch britischen Eleganz verbunden. Die Schneider und Stiefelmacher aus dem Saint James-Viertel in London gehörten zu Beginn des Jahrhunderts zu den begehrtesten Adressen ihrer Metiers. Hier eröffnete Alfred Dunhill 1907 eine bald hoch angesehene Boutique für Raucher; sie sollte zu seinem internationalen Renommee beitragen. Um die Palette seiner Accessoires zu erweitern, entschloss er sich in den 1920er-Jahren zum Geschäft mit ersten Uhrmacherarbeiten. Legendär wurde in diesem Zusammenhang sein Uhrenfeuerzeug. Dieses Feuerzeug mit dem für das Haus charakteristischen offenen Unterteil, das am Ende einer Kette getragen werden konnte, war mit einer kleinen, in das Gehäuse eingearbeiteten runden Uhr versehen. In den folgenden Jahren brachte Dunhill ein komplettes Sortiment von Herrenuhren auf den Markt. Diese entsprachen in ihrem Design ganz dem Geist der Zeit. Darunter befand sich auch die berühmte Facettenuhr. Sie zeichnete sich durch das Glas des Zifferblatts aus, das wie ein Edelstein drei Facetten aufwies. Die drei Facetten befanden sich auch auf dem Mittelteil des Gehäuses, das an den Seiten um eine zusätzliche Fläche verlängert worden war. Dieses harmonische Ensemble setzte sich im Armband fort. In ihrer Originalausführung besaß die Facettenuhr eine bei 12 Uhr exzentrisch angeordnete Stundenanzeige mit Minuteneinteilung auf einer Schiene. Dabei wurden die Stunden durch feine, aufgesetzte Baguetten dargestellt. Die Sekundenanzeige erfolgte auf einem kleineren Hilfszifferblatt bei 6 Uhr. Die Aufzugskrone bei 3 Uhr war flach und gerippt. Ein Produkt solle „nützlich, zuverlässig, schön, dauerhaft und das beste seiner Art“ sein, hatte Dunhill einst gefordert – die Facettenuhr ließ die Jahre hinter sich, ohne Spuren des Alters zu zeigen, und erfuhr regelmäßige Neuauflagen.

Die Stahlversion des Chronographen 1911, hier vom Schauspieler Harrison Ford getragen.

Hommage an Le Corbusier

Die unterschiedliche Bearbeitung des Metalls beim Gehäusemittelteil und der Lünette geben diesem großformatigen sportlich-eleganten Chronographen seine unverwechselbare Ausstrahlung.

Die Schweiz verdankt ihr Renommee den Uhren, die sie herstellt. Weitaus weniger bekannt sind ihre Architekten. Und dennoch war einer der berühmtesten des 20. Jahrhunderts ein Schweizer; sein Name: Le Corbusier, geboren in La Chaux-de-Fonds im Kanton Neuenburg, einer Stadt mit zahlreichen Uhrenmanufakturen. Diese Koinzidenz und die Tatsache, dass Ebel die von Le Corbusier 1916/17 gebaute Villa Anatole Schwob („Villa Turque") erwerben konnte, war zweifellos der Anlass, dem Architekten mit diesem Chronographen 1911 die Ehre zu erweisen. Ursprünglich hieß die Uhr „Modulor", eine Anspielung auf das gleichnamige Proportionenschema Le Corbusiers, das die menschlichen Körpermaße zugrunde legte. Architektur sollte für ihn mit Rücksicht auf menschliche Maßverhältnisse ins Werk gesetzt werden und darauf abzielen, eine harmonische Wohnwelt zu schaffen. Die Hommage der Manufaktur Ebel beruht auf einer (für diesen Typus Uhr) ungewöhnlichen technischen Neuerung: Es handelt sich dabei um ein exzentrisches Wendegetriebe, das das Aufziehen des automatischen Schwingrotors in beide Richtungen ermöglicht. Das Getriebe besitzt außerdem ein an der Außenkante angebrachten Sperrklinkenrad. Seit kurzem wird die Uhr auch in einer Stahlversion mit Saphirboden angeboten. Der Boden gibt den Blick auf die Bewegungen des Rotors und Räderwerks frei.

Der Chronograph 1911 zeichnet sich durch weiche und markante Linien aus. Sein Zifferblatt mit schwarzem Untergrund und weißen Ziffern ist gut ablesbar. Auf dem erhabenen Ring, der das Hauptzifferblatt umgibt, befindet sich eine Tachymeterskala; ein Fenster zwischen 4 und 5 Uhr zeigt das Datum an. Die drei Hilfszifferblätter (bei 9, 3 und 6 Uhr) schaffen das Gleichgewicht zur Anzeige der Hauptsekunden, der Minuten und Stunden. Die Uhr ist mit einem Kaliber 137 ausgestattet, arbeitet mit 28800 Halbschwingungen pro Stunde und hat 27 Rubine.

Eberhard | *Chronograph mit zwei Drückern 1935*

Familientradition

Dieser Chronograph Eberhard 1935 gehörte zu den ersten Armbanduhren dieser Art mit zwei Drückern. Zur großen Freude der Geschwindigkeitsliebhaber verfügt er über eine telemetrische und eine tachymetrische Skala.

Als die Gebrüder Eberhard die von ihrem Vater gegründete Manufaktur übernahmen, ruhten sie sich keineswegs auf den Lorbeeren des Firmengründers aus, des Erfinders des ersten Taschenchronographen. Vielmehr machten sie sich auf dem Gebiet der automatischen Armbanduhren bald selbst einen Namen. Großen Erfolg bescherte ihnen 1935 ein eleganter Chronograph, dessen Funktionen mit zwei Drückern aktiviert wurden. Damals beherrschten den Markt noch die Ein-Drücker-Chronographen. Das an beweglichen Bandanstößen und einem Scharnierboden sorgfältig montierte Rundgehäuse dieses Modells gibt seinem Benutzern eine Reihe wichtiger Informationen. Neben dem Index der Stunden und Minuten mit arabischen Ziffern und Stabzeigern verfügt die „1935“ für die Anzeige der Sekunden und Minuten über zwei Hilfszifferblätter bei 9 und 3 Uhr.

Die alten Werkstätten des Hauses Eberhard; hier entstanden die ersten Chronographen, die den Ruhm der Marke begründeten.

Zwei Skalen erlauben auch einfache Berechnungen. Die erste (rot auf einem konzentrischen Kreis um die Minutenanzeige) ist eine telemetrische Skala. Sie dient zum Abschätzen der Entfernung zwischen einer Geräuschquelle und dem eigenen Standort.

Stellen wir uns vor, wir fahren in einem Kabriolett, hören in der Ferne das Grollen des Donners und möchten die Entfernung abschätzen, die uns noch vom Gewitter trennt: Wir nehmen an, der Chronograph zeigt uns nach seiner Aktivierung sechs Sekunden zwischen Blitz und Donner an. Da wir wissen, dass sich der Schall alle drei Sekunden um etwa einen Kilometer ausbreitet, ist das Gewitter folglich zwei Kilometer entfernt. Die zweite Skala ist spiralförmig um die Mittelachse gelegt und dient zur Geschwindigkeitsmessung. Dabei wird der zentrale Schleppzeiger des Chronographen ausgelöst und angehalten, wenn der Zielmesspunkt erreicht ist. Für eine Messung genügt es, die zurückzulegende Distanz zu kennen. Die Tachymeterskala dieses Chronographen ist bei geringen Geschwindigkeiten bedeutend präziser als bestimmte konzentrische Tachymeterskalen.

Die goldene Version der Delirium von ETA, ausgestattet mit dem berühmten Kaliber 999.001.

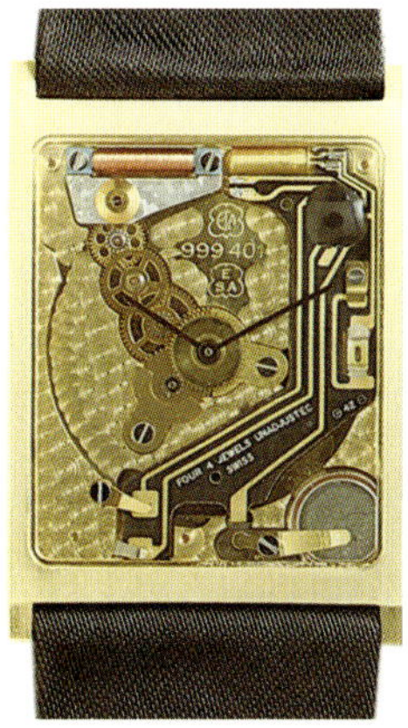

Den Weltrekord der flachsten Armbanduhr konnten Ende der 1970er-Jahre die Japaner für sich verbuchen. Diese „Schmach" war der Auslöser für die Delirium – ein Meisterwerk von 0,98 mm Dicke, entwickelt von den damals stark geschockten Ingenieuren bei ETA.

Begeisterung in Grenchen

Betrachtet man das nüchterne Ambiente der berühmten, zweihundert Jahre alten Manufaktur und wirft einen Blick auf die ehrwürdige Tradition des Hauses, fällt es schwer, sich vor-zustellen, dass der Phantasie in diesem Reich der Strenge hinreichend Platz eingeräumt werden kann. Und doch sollte das Aufkommen der japanischen Uhrenmarken in den 1970er-Jahren ebenso unerwartete wie fundamentale Auswirkungen auf die Ingenieure von ETA im Schweizer Grenchen haben. Man beschloss, ein Forschungsprogramm zu starten, das unter der seltsamen Bezeichnung „Delirium" firmierte. Aber diese Bezeichnung kam nicht von ungefähr: Mit an „Wahn grenzender Begeisterung" wollten sich die Meister aus Grenchen daran machen, den Japanern einen Weltrekord abzujagen: 1978 hatte das japanische Unternehmen Seiko die damals flachste Armbanduhr der Welt entwickelt. Die Dicke des Gehäuses betrug lediglich 2,5 mm.

Am 12. Januar des Jahres 1979 konnte ETA die Japaner bereits unterbieten und die Gehäusedicke auf unter zwei Millimeter drücken. Dieser Erfolg war bereits nach knapp fünfmonatiger Forschungsarbeit gelungen. Im Jahr darauf präsentierte die Firma einen Prototypen mit 0,98 mm Dicke. Dieser historische Fabelrekord ist im Guinness Buch der Rekorde noch heute verzeichnet.

Zur Herstellung dieses kleinen Juwels entschieden sich die Verantwortlichen des Unternehmens für eine einfache Innovation: Traditionell wird die Mechanik der Uhr auf einer eigenen Platine montiert. Das Uhrwerk der Delirium weist dagegen die Besonderheit auf, dass der Gehäuseboden (der bis dahin als Deckel diente) nun die Rolle der Platine übernimmt. Die in 18 Karat Gold ausgeführte Einheit von Boden und Werk wird von einer Lünette mit geklebtem Saphir geschützt. Die Meister aus Grenchen haben die Delirium mit einem Quarzuhrwerk ausgestattet, bei dem eine Batterie für die integrierte Schaltung den Strom liefert und das in einer Vakuumkapsel versiegelte Quarzkristall zum Schwingen kommt. Die Schwingung gibt dem Schrittmotor einem Antriebsimpuls, der seinerseits seine Energie auf die Zeiger überträgt.

Ein Wikinger bei den Inkas

Thor Heyerdahl am Ruder seines Balsafloßes, mit dem er nach einer Fahrt von 7600 Kilometern von der Pazifikküste Südamerikas aus die Polynesischen Inseln erreichte.

Das Modell Kon-Tiki, in schlichtem Design mit Stahlgehäuse und in Tonneauform, bot alles Notwendige bei perfekter Ablesbarkeit.

Der norwegische Forschungsreisende Thor Heyerdahl muss vom Geist der Wikinger beseelt gewesen sein, als er 1947 mit einem Balsaholz-Floß von der Küste Perus aus in See stach und sich zur Reise in die polynesische Inselwelt aufmachte. Am Anfang dieses von Fachleuten belächelten Abenteuers stand die Feststellung, dass es zwischen Tiki, einer polynesischen Göttin, und dem Inka-Sonnengott Kon-Tiki eine verblüffende Ähnlichkeit gibt. Beide Völker sind gleichen Ursprungs, so lautete die daraus abgeleitete Hypothese. Einst könnten ethnische Gruppen der Inkas von der Küste Perus in See gestochen sein, um in der Inselwelt Polynesiens Zuflucht zu finden. Für diese gewagte Hypothese bedurfte es des Nachweises, dass eine derart lange Seereise mit einfachsten Mitteln auch tatsächlich möglich ist. Mit seinem Floß („Kon-Tiki") aus Balsaholz, das von einfachen Hanfseilen zusammengehalten wurde, machte sich Heyerdahl deshalb auf den Weg – angesichts der Entfernung und der Schwierigkeiten der Navigation ein schier aussichtsloses Unterfangen, dachte die Öffentlichkeit. Er und seine fünf Landsleute mussten an Bord der Kon-Tiki vielen Unbilden des Pazifik trotzen, bevor sie nach einer Reise von 97 Tagen schließlich die neuseeländische Cookinsel Puka Puka erreichten. Den wagemutigen Wikinger-Nachfahren wäre wohl nicht gleicher Erfolg beschieden gewesen, hätten sie sich nicht auf ihre robusten Uhren verlassen können! Diese ermöglichten ihnen die Bestimmung ihrer jeweiligen Position mit Hilfe eines Sextanten. Auf den ausdrücklichen Wunsch von Heyerdahl entwickelte das Unternehmen danach den Chronographen Kon-Tiki, der dank seines Automatikwerks Eterna-Matic (25 Rubine und 28 800 Halbschwingungen pro Stunde) mit bemerkenswerter Präzision arbeitete. Die Krone und der Boden, beide verschraubt, garantieren absolute Wasserdichte bis zu 120 m Tiefe. Die Stunden- und Minutenzeiger sind aus fester Metallfolie; der rote Sekundenzeiger endet in einer Pfeilspitze. In einem Fenster bei 3 Uhr wird das Datum angezeigt.

Einfallsreiches Spiel der Kugeln

Diese kleine Manufaktur im Schweizer Grenchen benötigte fast ein Jahrhundert, um zu internationalem Ruhm zu kommen. Seine Gründung verdankt das Unternehmen einem Beschluss des Gemeinderats, Uhrmacherlehrlinge auszubilden.

Der Durchbruch gelang Eterna im Jahre 1948. Damals entwickelte die Manufaktur ein ingeniöses Kugellagersystem, genauer: ein System mit Mikrokugeln, die einen Durchmesser von lediglich 0,65 mm aufwiesen. Sie unterstützen die Bewegung des Rotors, mit dem die automatischen Armbanduhren ausgestattet sind. Diese Innovation war von geradezu epochaler Bedeutung. Bis dahin hatte den Herstellern die Energieübertragung zwischen dem Aufzugsystem und dem eigentlichen Uhrwerk immer Probleme bereitet. Das Eterna-System wurde zu einem Qualitätsstandard, dem schließlich fast die gesamte Branche verpflichtet war. Das System ermöglicht insbesondere das bessere Aufziehen, eine höhere Stoßfestigkeit und eine längere Lebensdauer.

Das Modell mit den kleinen Kugeln erhielt den bedeutungsvollen Namen „Eterna-Matic". Bald entwickelte er sich zur Gattungsbezeichnung einer umfangreichen Kollektion. Ästhetisch besticht die Eterna-Matic durch ihre Schlichtheit und diskrete Eleganz. Das Goldgehäuse mit abgerundeten Kanten umschließt ein weiß emailliertes Zifferblatt mit einem Index aus arabischen Ziffern. Bei einer kürzlich neu aufgelegten Ausführung befindet sich bei 6 Uhr eine Datumsanzeige.

Das aktuelle Modell hat das Kaliber ETA 2892-A2 mit einer Frequenz von 28 800 Halbschwingungen pro Stunde.

Ein Modell, dass aufgrund eines automatischen Aufzugs mit Kugellager die Welt der Uhrmacherei nach seiner Einführung im Jahre 1948 revolutionieren sollte. Die fünf Kügelchen dieses Systems wurden danach zum besonderen Markenzeichen.

Das Atelier von Franck Muller im Zentrum des Dorfs Genthod im Kanton Genf – zur Freude des Meisters mit Blick auf den Genfer See.

Ständige Auszeichnung

Dieses Modell ist eine in hohem Maße außergewöhnliche Armbanduhr. Sie wurde 1992 als „komplizierteste der Welt" ausgezeichnet und konnte 1998 ihren Titel verteidigen. Bereits in der ersten Version enthielt die Uhr ein großes und ein kleines Schlagwerk sowie eine Minutenrepetition, die sich mit dem bei 9 Uhr im Gehäusemittelteil befindlichen Riegel aktivieren ließ. Auf dem Zifferblatt entdecken wir einen bis 2100 programmierten ewigen Kalender. Der Tag dieses Kalenders wird auf einem Hilfszifferblatt bei 3 Uhr, der Wochentag auf einem Hilfszifferblatt bei 9 Uhr, der Monat mithilfe cines rückläufigen Zeigers in einem Sektor mit 12 Stunden angezeigt. Unter jedem Monat befindet sich die Zeitgleichung: die Anzahl der Minuten, um die sich die angezeigte Zeit und die Sonnenzeit unterscheiden. Ein kleines Hilfszifferblatt bei 2 Uhr informiert über die Art des laufenden Jahres, ein zweites gleichen Typs in der Nähe der Mittelachse zeigt den Ablauf der 24 Stunden an. Auf dem bei 6 Uhr befindlichen Hilfszifferblatt werden die Mondphasen von einer Scheibe angezeigt, während zwei Breguetzeiger die Indikation der Stunden (in majestätisch wirkenden schwarzen römischen Ziffern) ausführen. Auf der Unterseite der Uhr wird u.a. die Temperatur im Innern des Mechanismus angezeigt. 1995 erhielt diese Kostbarkeit der Uhrmachertechnik noch das Tourbillon. Doch dieses technische Wunderwerk, für die Verteidigung des Titels von 1992 noch nicht vollendet genug, gelangte erneut in die Ateliers von Franck Muller, wo es mit drei weiteren Komplikationen ausgestattet wurde. Die erste ist ein Chronograph, der mit zwei Drückern im Gehäusemittelteil betätigt wird. Sein Sekundenzähler befindet sich auf einem äußeren Kreis um das Zifferblatt für die Mondphasen, sein Minutenzähler in einem Sektor zwischen 7 und 5 Uhr. Der Minutenzähler eines Chronographen ist übrigens gewöhnlich für 30 Minuten ausgelegt, hier für beachtliche 60 Minuten! Die beiden anderen Komplikationen beziehen sich auf die Anzeige der Gangreserve für das Schlagwerk und die Sichtbarkeit des Uhrwerks durch den transparenten Saphirboden des Gehäuses.

In diesem klassischen Gehäuse im Empirestil verbirgt sich eine beeindruckende Zahl von Komplikationen. 1992 und 1998 wurde das Modell als „komplizierteste Armbanduhr der Welt" ausgezeichnet.

Die Curvex wurde in verschiedenen Ausführungen hergestellt; dabei bereitete die Aufnahme bestimmter Komplikationen in das ungewöhnliche Gehäuse zahlreiche technische Probleme.

Die dritte Dimension

Die Serie Curvex wurde im Jahre 1992 eingeführt. Sie ist gleichermaßen ein ästhetisches Schmuckstück und ein technisches Wunderwerk. Franck Muller hat das Gehäuse nicht nur um die übliche Achse 3 Uhr – 9 Uhr gewölbt, sondern auch die Achse 6 Uhr – 12 Uhr aufgeworfen. Dabei sind die Reflexionen des um die Achsen gewölbten Glases von einzigartiger Wirkung. Die Serie wurde inzwischen erweitert und perfektioniert. Hier ist eine besonders erlesene Ausführung mit einer Minutenrepetition und dem „Tourbillon impérial“ abgebildet. Die Ausstattung einer Armbanduhr dieses Typs mit zwei Komplikationen ist übrigens eine Weltpremiere. Sehr zur Freude der Besitzer einer solchen Uhr bleibt das Tourbillon auf dem Zifferblatt zu sehen. Ganz im Stil der Curvex-Reihe werden die Stunden hier mit recht großen arabischen Kunstziffern angezeigt. Der Boden ist silbergekörnt und guillochiert. Eine kleine Sekunde bei 6 Uhr zeigt in ihrem Innenkreis den ausgeklügelten Käfig des Tourbillon. Der Sektor über der Mittelachse gestattet die Beobachtung der Schlagwerkmechanik bis zu ihrem Stillstand. Das Schlagwerk wird mit einem Riegel bei 9 Uhr an der Seite des Gehäusemittelteils aktiviert. Dieses Uhrwerk arbeitet mit 21 600 Halbschwingungen pro Minute und verfügt mit seinen 32 olivierten, gewölbten Rubinen über eine auffallend reiche Ausstattung. Wer das Gehäuse der Uhr umdreht, kann durch den transparenten Saphirboden der Rückseite blicken und den hohen Verarbeitungsstandard des Uhrwerks bewundern, insbesondere auch Gefallen an den eleganten anglierten und polierten Komponenten finden.

Eine besonders ausgewogene und komplexe Version des Flaggschiffs von Franck Muller, mit Minutenrepetition und Tourbillon.

Eine andere Art, die Zeit abzulesen

Verschiedene Ausführungen dieses retrograden Modells mit springender Stunde. Die Comicfiguren bewegen sich unermüdlich, um die abgelaufenen Minuten in einem Sektor von 8 bis 4 Uhr anzuzeigen, während die Stundenanzeige mit arabischen Ziffern in einem Fenster bei 6 Uhr erfolgt.

Mit festem Griff, doch frustriertem Blick – so schwingt Donald Duck hier einen Baseballschläger. Es ist nicht wahrscheinlich, dass es dem liebenswerten Donald eines Tages gelingen wird, den Baseball außerhalb des eleganten Gehäuses dieser Uhr zu befördern! Dem Besitzer dieses Zeitmessers tut der Schläger freilich gute Dienste, denn dieser ermöglicht das Ablesen der Minuten in einer Winkelreichweite von 210°. Die Stunden werden in einem großen Fenster bei 6 Uhr angezeigt. Diese Uhr mag dem Unkundigen zunächst als banale Spielerei vorkommen. Doch die Uhr bietet zwei der bedeutendsten Komplikationen des Uhrmacherhandwerks, die hier erstmals zusammen in einem Gehäuse untergebracht werden konnten. Die erste dieser Komplikationen ist die so genannte „springende Stunde“ – die Stundenanzeige „springt“ im Anzeigefenster nach sechzig Minuten zur nächsten Stunde. Die zweite Komplikation wird als „retrograde Anzeige“ bezeichnet. Dabei springt der Minutenzeiger im Kreisbogen mit von sechzig auf Null zurück, sobald eine Stunde abgelaufen ist.

Beide Funktionen, springende Stunde und retrograde Bewegung der Minuten, werden simultan ausgeführt. Diese mechanische Besonderheit wird bewirkt durch die synchrone Bewegung einer Scheibe um die Zentralachse für die Stunden und eines Zahnrads in Form eines Sterns mit zwölf Zacken für die Minuten. Die Retro Donald ist mit dem mechanischen Kaliber GG 4503 mit Automatikaufzug ausgestattet. Die Uhr arbeitet mit 28 800 Halbschwingungen pro Stunde und verfügt über eine Gangreserve von 44 Stunden. Bei dieser Ausführung ist das Gehäuse aus Stahl und der Boden des Zifferblatts aus Perlmutt. Die Retro Donald weist ein innen facettiertes Glas auf. Der Hersteller garantiert eine Wasserdichte bis zu 30 m.

Ein Augenzwinkern zu den Figuren von Walt Disney, das die technische Meisterschaft dieser Uhr mit retrograder Anzeige um nichts schmälern kann.

Ein mit rotem Chinalack überzogenes Edelholzkästchen, das mit einem Motor ausgestattet ist. Er treibt eine automatische Welle an und gestattet das Aufziehen des Mechanismus, wenn die Uhr nicht getragen wird.

Die Legende Ferrari

Ein beeindruckender Chronograph, dessen überladenes Zifferblatt an das Cockpit eines Rennwagens erinnert. Die Uhr wurde in 349 Exemplaren aufgelegt – wie der berühmte Ferrari F50, dessen Namen sie trägt.

Glücklich schätzte sich der Käufer eines der 349 Ferrari F50, die zur Feier des 50. Geburtstags der berühmten Automobilmarke hergestellt wurden. Der Käufer hatte gleichzeitig das Privileg, auch die Armbanduhr F50 erwerben zu können, die in ihrer Exklusivität dem italienischen Pendant in nichts nachsteht. Bei diesem Chronographen in Tonneauform gab sich der Hersteller keineswegs damit zufrieden, bloß die Typenbezeichnung von Ferrari zu übernehmen. Man neigt zu dem Urteil, dass die F50 einem echten Armaturenbrett gleichkommt. Neben der Stundenanzeige verfügt sie über vier Hilfszifferblätter, die zur gleichen Zeit die Funktionen des (aktivierten) Chronographen, des ewigen Kalenders, die Mondphasen und das Monddatum angeben. Die bei 12, 9 und 6 Uhr angeordneten Zifferblätter zeigen mit Hilfe eines kleinen Zeigers aus blau angelassenem Stahl die Sekunden, Minuten und Stunden an. Die Datums-, Monats- und Wochentagsindikation führt ein zweiter Zeiger aus Gold aus. Eine mit den Funktionen des ewigen Kalenders im Zusammenhang stehende Besonderheit weist das Monatszifferblatt auf, d.h. die automatische Berücksichtigung der Schaltjahre. Beginnt ein solches Jahr, stellt sich der Zeiger auf den rot markierten Monat Januar. So werden die zwölf Monate auf diesem Zifferblatt viermal wiederholt. Das letzte, bei 3 Uhr befindliche Hilfszifferblatt hat ebenfalls zwei Zeiger, einen aus blau angelassenem Stahl für die Mondphasen und einen aus Gold für den Tag des Mondmonats. Rund um den Hauptindex mit goldplattierten arabischen Ziffern befindet sich die Minutenanzeige sowie eine Tachymeterskala, die schnelle Geschwindigkeitsmessungen ermöglicht. Die F50 von Girard-Perregaux verfügt über das Kaliber GP 3170 mit automatischem Aufzug, ist mit 44 Rubinen ausgestattet und arbeitet mit 28 800 Halbschwingungen pro Stunde. Der Boden des fein ausgearbeiteten Gehäuses ist zwecks besserer Wasserdichtheit mit dem Gehäusemittelteil verschraubt und trägt das legendäre Ferrari-Pferdchen als Symbol.

Die Erbin der Mona Lisa

Die berühmte Taschenuhr „Tourbillon mit drei Goldbrücken" von 1867 brachte ihrem Schöpfer Constant Girard zahlreiche Auszeichnungen ein und einen Ehrenplatz im Ruhmestempel der Uhrmachermeister.

Als Constant Girard 1867 nach dreißig Jahren des Forschens und Experimentierens sein Modell „Tourbillon mit drei Goldbrücken" vorstellte, wurde diese Taschenuhr von der gesamten Zunft als ein Hauptwerk der modernen Uhrmacherkunst gepriesen. Man gab ihr sogar den Ehrentitel einer „Mona Lisa der Taschenuhren". Auf den Weltausstellungen von 1867 und 1889 wurde sie mit mehreren Goldmedaillen ausgezeichnet. Außerdem brachte sie ihrem Schöpfer einen ständigen Sitz als Mitglied der Jury ein. Ohne Zweifel ist diese Taschenuhr ein ästhetisches Meisterwerk, aber zweifelsohne auch von bewundernswerter technischer Brillanz. Um ihre Feinheiten aufzuspüren, wenden wir uns in erster Linie dem Tourbillon zu. Diese von Abraham-Louis Breguet erfundene Komplikation ist eine Hemmung, die den Einfluss der Schwerkraft kompensieren soll. Die Schwerkraft verursacht am Ankerrad, am Anker und an der Unruh nicht wahrnehmbare Gangungenauigkeiten je nach der senkrechten Lage, in der sich diese Komponenten befinden. Um diese Fehler zu kompensieren, sind beim Tourbillon die genannten Bauteile in einem „Käfig" untergebracht, der um seine eigene Achse rotiert – in der Regel einmal in der Minute. Die Fehler werden somit ausgeglichen, was der Uhr äußerste Ganggenauigkeit verleiht. Das Tourbillon gilt als eine der komplexesten und schwierigsten Komplikationen der Uhrmacherkunst; seine Herstellung nimmt sechs bis acht Monate in Anspruch. Doch damit war der Ehrgeiz des Meisters noch nicht befriedigt: Er entschied sich dafür, seine Arbeit durch Befestigung des Uhrwerk an drei parallelen Goldbrücken in Form eines Pfeils mit zwei Spitzen zu krönen. Die vollkommen guillochierten Brücken sind darüber hinaus in ihrer Mitte mit Rubinen besetzt, denen Federhaus, Minutenrad und Tourbillon zugeordnet sind. Das technisch und ästhetisch vollendete Modell wurde im Jahr 1982 als Taschenversion zu neuem Leben erweckt. An diese Neuauflage schloss sich 1991 ihre hoch komplexe Adaptation als Armbanduhr an. Bei dieser neuen Ausführung, einem Wunderwerk moderner Miniaturisierung, sollten sich auch die Eigenschaften abso-

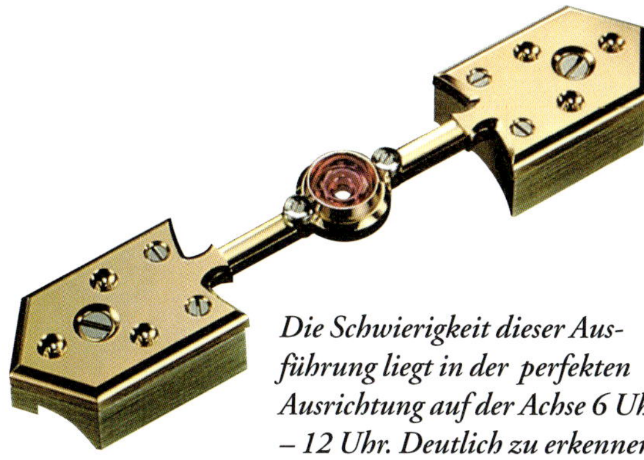

Die Schwierigkeit dieser Ausführung liegt in der perfekten Ausrichtung auf der Achse 6 Uhr – 12 Uhr. Deutlich zu erkennen ist die Pfeilform an beiden Enden der Brücke. Diese ist in der Mitte mit einem Rubin besetzt.

luter Zuverlässigkeit und Robustheit auszahlen. Geschützt von einem polierten Gehäuse in Rotgold, ist dieses Modell mit einem Kaliber GP 9900 mit 20 Rubinen und 12,5 Linien ausgestattet. An der mit römischen Ziffern gravierten Lünette befindet sich ein handgravierter matter Rahmen. Ebenfalls handgraviert ist der mit dem Gehäusemittelteil verschraubte Boden. Lünette und Boden sind mit oben gewölbtem, unten flachem Saphirglas versehen, das die Exklusivität des Mechanismus besonders hervorhebt. Die Zahl der Halbschwingungen beträgt 21 600 pro Stunde, die Gangreserve 75 Stunden. Bei dieser mit großer Begeisterung aufgenommenen Uhr musste auf der Baseler Messe das einzige ausgestellte Modell entfernt werden, weil sein Käufer die Uhr sogleich mitnehmen wollte.

Hier wird die Uhr in einer skelettierten Version gezeigt. Die Entwicklung der drei Goldbrücken für eine Armbanduhr stellte zahlreiche technische Probleme und machte Innovationen bei der Miniaturisierung erforderlich.

Auf der Bühne zu Hause

Zwei Repliken, die dem Original recht nahe kommen, erkennbar an dem von 3 bis 9 Uhr durch das Zifferblatt verlaufenden elektrischen Blitz, der auf die Tatsache hinweisen sollte, dass die Uhr mit einer Mikrobatterie von 1,5 Volt arbeitete.

Nachdem Richard Arbib mit dem Design von Lastwagen, Flugzeugen, Kühlschränken, Spielzeug, Staubsaugern etc. bei so berühmten Firmen wie General Motors große Erfolge gefeiert hatte, begann seine Zusammenarbeit mit Uhrenherstellern. Dazu gehörte auch die US-amerikanische Firma Hamilton. Unter den Entwürfen, die er dem Unternehmen Monat für Monat vorlegte, befand sich auch das Modell Ventura – es sollte Epoche machen.

Als Erstes bemerkt man bei der Ventura das ausgefallene Design. Das Gehäuse, mit 24 Karat Gold plattiert, greift die Form eines Dreiecks mit abgerundeten Seiten auf. Die trapezförmigen Bandanstöße sind gerippt und neigen sich terrassenförmig zum Armband hin. Auf dem Zifferblatt werden die Stunden von Baguetten angezeigt, an deren Spitze sich kleine erhabene Kugeln befinden. Zwischen 3 und 9 Uhr verläuft eine Zickzacklinie, Symbol für den elektrischen Widerstand. Denn dieses formschöne Modell hat nicht nur ein innovatives Design, es war – im Jahr 1957 – auch die erste elektromechanische Armbanduhr auf dem Markt. Das Uhrwerk wurde von Mikrobatterien mit 1,5 Volt angetrieben. Mit anderen Worten: Die Kraftübertragung geschah nun nicht mehr mittels eines mechanischen Aufzugs, sondern mittels eines elektrischen Impulses. Die Ventura von Hamilton hat das Kaliber 500 mit 15,5 Linien sowie 12 Rubinen und arbeitet mit 18 000 Halbschwingungen pro Stunde.

Dieser Klasssiker unter den Armbanduhren wurde von Anfang an von den Großen aus Film und Unterhaltung geschätzt. Der unsterbliche Elvis Presley trug sie beispielsweise während der Dreharbeiten zu seinem Film *Blue Hawaii;* heutige Verehrer der Uhr sind u. a. Michelle Pfeiffer, Mel Gibson oder Jean Reno. Um ihren vierzigsten Geburtstag würdevoll zu begehen, machte die Ventura in jüngerer Zeit in dem Film *Men in Black* von sich reden. Seit 1988 ist die Uhr mit einem Quarzwerk ausgestattet.

Ein Raffinement aus Gold und Diamanten in Stromlinienform. Es hätte Richard Arbib, dem Designer des Ausgangsmodells, sicher nicht missfallen.

Rückkehr eines großen Klassikers

Ein von Liebhabern heiß begehrter Chronograph von einzigartiger Präzision. Heute gibt es ihn in einer leicht erhältlichen Neuauflage, die dem Original aber sehr nahe kommt.

Wie für die deutsche Firma Lange & Söhne war der Neuanfang nach Ende des Zweiten Weltkriegs auch für Hanhart aus dem südbadischen Gütenbach nicht leicht. Vor dem Krieg für ihre Militärarmbanduhren bekannt, spezialisierte sich die Manufaktur ab 1962 auf elektronische und mechanische Stoppuhren, Wecker und andere Präzisionsprodukte aus dem Bereich der Zeitmessung. Diese Neuorientierung lässt vielleicht manche Dienste vergessen, die die Manufaktur für die Luftwaffe geleistet hatte. Den hier abgebildeten Chronographen trugen die deutschen Piloten im Zweiten Weltkrieg. Heute ist dieser historische Fliegerchronograph zur Freude seiner Liebhaber neu aufgelegt worden und dient ganz und gar friedlichen Zwecken, hat sich aber alle Merkmale bewahrt, die einst für seinen Erfolg standen. Das betont schlichte und gut ablesbare schwarze Zifferblatt mit hellen arabischen Ziffern ist von einem großen Gehäuse umgeben. Bei 3 und 9 Uhr befinden sich Hilfszifferblätter für die Minuten sowie eine kleine Sekunde. Das Zifferblatt ist auffallend gut abzulesen, nicht zuletzt auch durch die großen Leuchtzeiger für die Stunden und Minuten. Die drehbare Lünette ist gerändelt und besitzt einen (für die Piloten besonders nützlichen) speziellen Marker. Die Drücker des Chronographen sind asymmetrisch zur Aufzugskrone angeordnet. Dabei befindet sich derjenige zum Aktivieren und Anhalten des Schleppzeigers etwas vor 2 Uhr, derjenige für die Nullstellung exakt bei 4 Uhr. Diese Anordnung zielte darauf ab, Bedienungsfehler zu vermeiden. Das Herz des Fliegerchronographen, der in seiner Neuauflage mit einem Uhrwerk ETA/Valjoux 7760 mit 13 1/4 Linien und Handaufzug ausgestattet ist, arbeitet mit 28 800 Halbschwingungen pro Stunde, hat 17 Rubine und eine Gangreserve von 42 Stunden.

Die Ära der Automatik

Diese sehr einfach anmutende Harwood – mit einem Goldgehäuse in Tonneauform, einem Emailzifferblatt mit grotesken arabischen Ziffern und zwei Breguetzeigern – bietet schon auf den ersten Blick eine Besonderheit: Sie hat keinen Aufzug zum Einstellen der Uhr.

Abraham-Louis Perrelet (1729 bis 1826), dem berühmtesten Mitglied einer Uhrmacherdynastie aus dem Schweizer Le Locle, schreibt man die geniale Erfindung des automatischen Aufzugs über einen Zentralrotor zu. Doch es sollte nahezu 150 Jahre dauern, bis dieser Mechanismus erfolgreich in das Gehäuse einer Armbanduhr eingebaut werden konnte. Perrelets automatischer Aufzug war in der Zwischenzeit von Abraham-Louis Breguet verbessert worden. Dieser nicht minder berühmte Meister aus historischen Zeiten baute seinen verbesserten Mechanismus in sechs Modelle ein, die die französische Königin Marie-Antoinette bei ihm in Auftrag gegeben hatte.

1923 entwickelte der englische Uhrmacher John Harwood auf der abgeschiedenen Isle of Man in der Irischen See ein originelles System, welches das Aufziehen des Uhrwerks mittels einer Schwungmasse ermöglichte, die sich im Zentrum der Platine in einem Winkel von 130° drehte. Die Masse schwang aufgrund der Armbewegungen des Trägers der Uhr zwischen zwei Federanschlägen. Eine Kupplungsvorrichtung verhinderte dabei u. a. das übermäßige Aufziehen und Reißen der Feder. Die Harwood hatte keine Aufzugskrone. Zum Stellen der Uhr genügt es, die Lünette erst in die eine Richtung auf die gewünschte Stunde, dann in die andere zu stellen, bis in dem bei 6 Uhr befindlichen, mit einem Stern verzierten Fenster ein roter Punkt erschien. Harwood war auch von dem Wunsch besessen, das Problem der Dichtheit zu lösen. Absolut dichte Gehäuse gab es damals noch nicht. So tüftelte er an einem Gehäuse, das nicht eine einzige Öffnung aufwies. Leider war dem Modell Harwood aufgrund von technischen Problemen mit der Vielzahl der Befestigungsschrauben nicht der ganz große Erfolg beschieden. Die Uhr konnte im Übrigen, wenn die Aufzugsfeder völlig abgelaufen war, nur mit starken Schüttelbewegungen wieder in Gang gesetzt werden.

Ein praktisches Detail, das den technischen Laien erfreut: Alle Einstellungen werden simultan mit der verschraubten Aufzugskrone vorgenommen.

Der dreihundert Jahre gültige Jahrhundertschieber für die Anzeige der vier Jahreszahlen wird 2199 ersetzt. Bis dahin können die Besitzer der Da Vinci den in einem Glasröhrchen versiegelten Jahrhundertschieber der nächsten dreihundert Jahre bewundern.

Die Zukunft braucht viel Zeit

Leonardo da Vinci, der bei seinem Tod fast 6000 technische Zeichnungen hinterließ, entwarf vor fast 500 Jahren ein bemerkenswertes Verteidigungssystem für die Befestigungsanlagen der toskanischen Stadt Piombino. Vorgesehen war der Bau einer Festung mit drei konzentrischen Gräben, geschützt von Vorposten, die in einem Halbkreis angeordnet waren. Bei einem Angriff konnten sich die Verteidiger schrittweise zurückziehen. Leonardos geistreiches Konzept, seiner damaligen Zeit weit voraus, gelangte auf erstaunliche Weise zu späten Ehren, und zwar in Schaffhausen, dem friedlichen Städtchen am Oberrhein. Die Uhrmacher der IWC (International Watch Company) setzten 1985 ihre damals jüngste Kreation in ein Gehäuse, das seine Anregung einer Skizze Leonardos verdankt. Ein doppelter „Festungswall" aus Gelbgold mit markanten Rundungen, geschützt von imposanten, auf einem Halbkreis angeordneten Drückern, „verteidigt" eine der schönsten Komplikationen der jüngeren Zeit. Neben ihrer Chronographenfunktion beherbergt die Da Vinci in ihrem Inneren eine Mondphasenanzeige und einen exklusiven ewigen Kalender. Letzterer, der mit einer gewöhnlichen Datumsanzeige kaum noch etwas gemein hat, verfügt über ein Fenster mit vier Ziffern – eine Weltneuheit, die inzwischen schon viele Sammler begeistert.

Nicht nur, dass sich die Da Vinci mit höchster Präzision den Schaltjahren anpasst, ihren Besitzern kündigte sich am Vorabend des neuen Jahrtausends auch die magische Zahl 2000 an. Die Ziffernfolge wird sich ein Jahrhundert lang nicht bewegen, bevor sie weiter vorrückt.

Das Prinzip beruht auf einem Jahrhundertschieber. Er wird von einem winzigen Rädchen angetrieben, das seine Energie auf den Schieber überträgt. Wenn dieser sich nach 100 Jahren um einen Millimeter nach oben bewegt, muss das Rädchen – kaum vorstellbar – 6315840000 Drehungen ausgeführt haben.

Die Schauffhausener Manufaktur von IWC aus früherer Zeit. Hier werden alle Teile der Armbanduhren handgefertigt.

Ein Geburtstag mit Fanfarenklang

Der Blick auf das äußerst komplexe Räderwerk der Destriero Scafusia ist durch ein transparentes Saphirglas möglich. Neben den technischen Feinheiten bestechen die fein gearbeitete Guillochierung und Anglierung bestimmter Komponenten.

Zum 125. Jubiläum wurde dem Firmengründer Fiorentine Ariosto Jones zu Ehren ein Feuerwerk der besonderen Art bereitet; er erhielt eine Uhr mit 21 Komplikationen zum Geschenk. Dahinter verbirgt sich ein Chronograph, der neben den klassischen Funktionen der Stunden-, Minuten- und Sekundenanzeige über einen automatischen Aufzug, einen Rattrapante-Mechanismus, das Tourbillon, einen ewigen Kalender, eine Mondphasenanzeige und eine Minutenrepetition verfügt. Das Modell bietet so viele Funktionen an, dass 750 Teile und 76 Rubine erforderlich waren – ein Rekord für einen so kleinen Raum. Die Brücken wurden fein guillochiert. Für den Gehäuseboden entschied man sich für transparentes Saphirglas. Auf der vorderen Seite zeigt sich die Destriero Scafusia vergleichsweise schlicht. Man blickt auf ein rundes Goldgehäuse mit zwei rechteckigen Drückern bei 2 und 4 Uhr für die Chronographenfunktion, auf eine mit einem Cabochon besetzte Aufzugskrone bei 3 Uhr und einen Schieber bei 9 Uhr. Betrachter, die mit der Minutenrepetition vertraut sind, werden den Schieber in seiner Unverwechselbarkeit sofort erkennen. Mithilfe der Minutenrepetition kann der Träger der Armbanduhr nach Betätigen des Schiebers ein wahres Konzert auslösen, wobei jede Stunde mit einem tiefen Ton, jede Viertelstunde mit einem Doppelschlag (tief und hoch) und jede Minute mit einem hohen Ton angeschlagen wird. Dieses System der Tonsequenzen geht auf den berühmten englischen Uhrmacher Daniel Quare (1649 bis 1724) zurück, der es für Reisende entwickelte, die nachts mit der Postkutsche unterwegs waren. IWC konnte das System eindrucksvoll perfektionieren (und miniaturisieren). In Ruhestellung arbeitet eine mit dem Hauptwerk verbundene Mechanik entsprechend der seit 12 Uhr (mittags oder nachts) vergangenen Stunden. Wird der Schieber für den Aufzug nach unten gestellt, greifen die verschiedenen Teile der Repetition in die Nocken ein, und ein von den Federn angetriebenes Rad wandelt die vergangenen Stunden, Viertelstunden und Minuten mithilfe eines Rechens und

Die Destriero Scafusia zeichnet sich durch eine klare Linienführung aus und bietet eine Vielzahl von Informationen und Komplikationen – eine glänzende Hommage an den Gründer des Unternehmens.

winziger Hämmerchen in Töne um. Die Destriero Scafusia hat vier Hilfszifferblätter. Sie sind umgeben von einer konzentrischen Indexschiene zur Angabe der Minuten sowie (darunter) von einem Stundenindex mit römischen Ziffern. Das Hilfszifferblatt bei 12 Uhr ist sowohl für die Mondphasen als auch die Sekunden des Chronographen vorgesehen. Der schwarze Zeiger des Hilfszifferblatts bei 9 Uhr zeigt die Wochentage an, der kleine rote die Minuten bei der Chronographenfunktion. Das dritte Hilfszifferblatt befindet sich bei 6 Uhr. Es gibt mithilfe des schwarzen Zeigers den Monat und mithilfe des kleinen roten Zeigers die abgelaufenen Stunden der Chronographenfunktion an. Schließlich ist das letzte Hilfszifferblatt bei 3 Uhr für die Anzeige des Monatstags vorgesehen. Dort befindet sich auch die Angabe „Tourbillon“, eine Komplikation, die die durch die Erdanziehung verursachten minimalen Frequenzunterschiede ausgleicht. Dazu ist das Herz des Uhrwerks, das vor allem aus Unruh, Anker und Ankerrad besteht, in einen kleinen Käfig eingeschlossen, der sich um seine eigene Achse dreht. Die Technik der Destriero Scafusia geht aber noch einen Schritt weiter. Das „fliegende“ Tourbillon von IWC, einseitig auf kleinsten Kugeln gelagert, führt acht Halbschwingungen pro Sekunde aus. Wenden wir uns schließlich auch noch dem Rattrapante-Mechanismus des Chronographen zu: Dieser Mechanismus erlaubt, Zwischenzeiten zu messen. Wird der Chronograph aktiviert, setzen sich zwei Schleppzeiger gleichzeitig in Bewegung. Mit einem weiteren Druck kann jetzt der zweite Schleppzeiger angehalten und dann die Zwischenzeit abgelesen werden; durch erneutes Betätigen desselben Drückers holt dieser Zeiger seinen Rückstand auf, und aufs Neue lässt sich nun der Mechanismus für das Stoppen einer Zwischenzeit in Gang setzen. Das Besondere der Destriero Scafusia liegt darin begründet, dass sich der Drücker für die Rattrapante-Funktion im Cabochon der Aufzugskrone befindet. Üblicherweise übernimmt diese Funktion ein zusätzlicher Drücker bei 10 Uhr. Auf ihn hat der Hersteller bewusst verzichtet, um die Ästhetik des Ganzen nicht zu stören.

Die letzte Besonderheit der Uhr ist keineswegs die unbedeutendste: In dem bei 8 Uhr befindlichen Fenster werden die vier Ziffern des laufenden Jahres angezeigt. Dahinter steckt eine technische Meisterleistung, von der erstmals das Modell Da Vinci von IWC profitierte. Die Destriero Scafusia hat diese Intelligenz „geerbt“

Den Magnetfeldern trotzen

Der Zusatz „antimagnetisch" zur Kennzeichnung der Serie Mark XII besagt, dass das Uhrwerk für ein Magnetfeld für max. 4800 Ampere/ Meter ausgelegt ist, d. h.: ohne stehen zu bleiben oder pro Tag mehr als 30 Sekunden nachzugehen.

Magnetfelder schützen die Erde vor Strahlen aus dem Weltraum. Dem Magnetismus begegnen wir auch im täglichen Leben – in elektrischen Küchengeräten, in den Lautsprecherboxen der Stereoanlagen, in unseren Stromzählern etc. Allgemein gesprochen: Jede von elektrischem Strom durchflossene Spule erzeugt ein Magnetfeld. Diese Einflüsse wirken sich nicht gerade vorteilhaft auf die Mechanik der Armbanduhren aus. Besonders anfällig für solche physikalischen Phänomene sind das Ankerrad, die Unruh, die Welle und die Spirale. Noch ausgeprägter macht sich der Magnetismus in der Nähe eines leistungsstarken Motors bemerkbar, beispielsweise im Flugzeug – ein Faktor, der nicht ohne Bedeutung ist, wenn man bedenkt, dass der Pilot heute auf absolute Präzision setzen muss.

Diverse Gründe dieser Art waren in den 1930er-Jahren Anlass für das Schaffhausener Unternehmen, das Modell Mark IX zu entwickeln. Es trotzt Magnetfeldern, Stößen, atmosphärischem Druck und starken Temperaturschwankungen. Um das automatische Werk dieses Modells dem schädlichen Einfluss der Magnetfelder zu entziehen, setzten die Ingenieure von IWC das Uhrwerk in ein Innengehäuse aus besonders leitfähigem Weicheisen. Auf diese Weise führten das Zifferblatt, die Bodenunterteile und Ringe der Uhr die Magnetfelder um das Werk herum und sorgten für einen fehlerfreien Lauf. Aus der Mark IX wurde im Laufe der Jahre eine ganze Serie. Erst vor kurzem ist das Sortiment um die Mark XII ergänzt worden. Sie hat das nüchtern-zweckmäßige Design beibehalten, das den Vorgänger-Modellen großen Erfolg beschert hatte. Auf dem schwarzen Zifferblatt stechen die großen arabische Ziffern mit Stabzeichen hervor. Der Stundenzeiger ist kurz, rechteckig und wirkt sehr kompakt; der Minutenzeiger weist eine pfeilförmige Spitze auf und ist etwas länger. Ein Leuchtdreieck bei 12 Uhr unterstützt die Ablesbarkeit des Zifferblatts. Die Vorgängermodelle hatten statt der Zentralsekunde noch eine kleine exzentrisch angeordnete Sekunde.

IWC Portugieser Chrono-Rattrapante

Zeitlose Eleganz

Ein eleganter Chronograph mit zwei zentralen Schleppzeigern zum Messen von Zwischenzeiten.

Wann dieser „Portugieser Chrono-Rattrapante“ genannte Chronograph der Spitzenklasse erstmals aufgelegt wurde, lässt sich nach Augenschein aufgrund der zeitlosen Nüchternheit dieser Armbanduhr nur schwer erraten. Sie geht auf das Modell einer Taschenuhr aus dem frühen zwanzigsten Jahrhundert zurück, das u.a. von der Royal Navy und der Berliner Straßenbahngesellschaft gekauft wurde. Die Portugieser-Uhr, die hier abgebildet ist, entstand in den Werkstätten von IWC und kam im Jahre 1993 auf den Markt. Ihr Edelstahlgehäuse mit den ungewöhnlichen Abmessungen von 41 mm Durchmesser und 12,5 mm Dicke garantiert maximale Ablesbarkeit des großen Zifferblatts und der Hilfszifferblätter. Und die Drücker für die Chronographenfunktionen lassen sich einfach bedienen. Das mechanische Uhrwerk des Kalibers 76240 mit 27 Rubinen und einem automatischen Aufzug bietet seinem Käufer eine Gangreserve von immerhin 48 Stunden.

Die arabischen Goldziffern von 1 bis 12 sitzen einem silbernen Zifferblatt auf, was die Ablesbarkeit für den Träger der Uhr optimal gestaltet. Um Platz für den Stunden- und Minutenzähler zu schaffen, wurden die Ziffern 6 und 12 elegant verkürzt. Das unter bombiertem Saphirglas liegende Zifferblatt wird von einer Sekundeneinteilung von 0 bis 60 (mit der komfortablen Unterteilung in Viertelsekunden) abgeschlossen.

Das Besondere des Chronographen sind seine beiden Schleppzeiger. Der Rattrapante-Mechanismus der Uhr erlaubt die Messung von Zwischenzeiten. Dazu genügt es, den Chronometer durch Betätigen des bei 2 Uhr befindlichen Drückers zu aktivieren. Durch erneutes Betätigen des Drückers bleibt einer der beiden in Gang gesetzten Zeiger stehen und zeigt die Zwischenzeit an. Wird der Drücker bei 10 Uhr betätigt, holt der angehaltene Zeiger den laufenden wieder ein. Die Nullstellung erfolgt mit dem Drücker bei 4 Uhr.

Architektur im Dienste der Uhrmacherkunst

Edmond Jaeger verband sein Schicksal mit dem Haus LeCoultre nach vorhergehender jahrelanger Zusammenarbeit, die ihm den Zugang zu den Luxusmärkten geöffnet hatte. Das neue Unternehmen nannte sich Jaeger-LeCoultre.

Ganz im Stil der Eleganz des Art déco der 1920er-Jahre wurde das Modell Duoplan mit einem feinen Stoffband getragen; sein Gehäuse war mit Diamanten besetzt.

Die amerikanischen Architekten, die zu Beginn des 20. Jahrhunderts ihre Bauwerke Tag für Tag in den Himmel von Chicago oder New York wachsen ließen, hatten gut verstanden, dass man in die Höhe bauen muss, wenn auf dem Boden kein Platz mehr ist. Ähnliches scheint die Uhrmacher von Jaeger-LeCoultre bewogen zu haben, als sie das Modell Duoplan entwickelten und 1925 auf den Markt brachten. Um Platz zu sparen, bauten sie das Uhrwerk mit elegantem rechteckigem Gehäuse in zwei übereinander liegenden Ebenen. Auf der einen Ebene war das Antriebsystem, d.h. Federhaus, Minutenrad, Kleinbodenrad und Sekundenrad, untergebracht, auf der anderen das Reguliersystem mit Ankerrad, Anker und Unruhspirale. Letztere kann hier die gesamte Breite des Werks nutzen. Das war von erheblicher Bedeutung, weil die Ganggenauigkeit der Uhren damals in hohem Maße von der Größe der Unruh abhing.

Dieses sehr elegante Modell, hier in einer Tunnelversion mit halbzylindrischem Glas vorgestellt, enthielt viele technische Finessen, vor allem auch ein ausgeklügeltes Aufzugs- und Reguliersystem. Die Aufzugskrone befand sich am Gehäuseboden. Wäre sie bei 3 Uhr untergebracht worden, hätte sie die kostbare Symmetrie dieses Designs beeinträchtigt. Ein anderer Vorteil dieser Anordnung bestand darin, dass die Uhrmacher in den Geschäften das Gehäuse leicht öffnen konnten.

Geschickt wusste das Unternehmen in der Werbung alle Vorteile der Duoplan-Serie herauszustreichen. Auch konnte sich der Hersteller eines für damalige Zeiten in der Tat bemerkenswerten Kundendienstes rühmen: Hatte der Uhrmacher im Geschäft das Gehäuse auf einfache Weise geöffnet, konnte er ein defektes Uhrwerk in Minutenschnelle gegen ein im Lager vorrätiges auswechseln. Werk für Werk war in einer Glaskapsel versiegelt.

1925 brachte Jaeger-LeCoultre die Duoplan auf den Markt. Mit ihr war der weitere Weg der Manufaktur zur Miniaturisierung bereits vorgezeichnet.

Der außergewöhnlich begabte Uhrmacher Antoine LeCoultre gründete in Sentier im Schweizer Jura 1833 seine eigene Manufaktur. Neben der Herstellung von Uhrwerken verdanken wir ihm die Erfindung des „Millionometers", eines Instruments zum Messen von Tausendstelmillimetern. Das Millionometer sollte sich für die Uhrenindustrie von unschätzbarem Wert erweisen.

Ein akustisches Meisterwerk

Die Memovox, eine Neuauflage in der berühmten Master-Serie, wird erst 1 000 Stunden getestet, bevor sie die Manufaktur verlässt.

Einen diskreten, aber effektiven Wecker am Handgelenk zu tragen, das war schon immer der Traum vieler Reisender und der auf Pünktlichkeit bedachten Geschäftsleute. Die technische Schwierigkeit, einer solchen Anforderung gerecht zu werden, besteht darin, dass ein leistungsstarker Wecker am Handgelenk mit einem naturgemäß kleinen Mechanismus auskommen muss. Armbanduhren mit Wecker gibt es bereits seit Anfang des 20. Jahrhunderts. Aber erst der erste automatische Armbandwecker, die Memovox von Jaeger-LeCoultre, brachte 1956 den Durchbruch. Das später berühmte Modell war an seiner Zentralscheibe mit dreieckiger Markierung leicht erkennbar. Diese wurde mit einem Aufzug bei 4 Uhr auf die gewünschte Weckzeit gestellt. Zur Weckzeit schlägt ein kleiner Hammer an die Innenseite des Gehäuses. Der Erfolg mit dieser Uhr veranlasste das Unternehmen später, sie im Rahmen der Serie Master Control neu aufzulegen. Dabei wurde ihr Läutewerk erheblich verbessert. Um den Weckklang angenehm zu gestalten, entwickelten die Uhrmacher von Jaeger-LeCoultre den mechanischen Weckmechanismus mit einem Tonfeder-Schlagwerk, dessen Legierung bis heute geheim gehalten wird. Wenn der Hammer gegen die Tonfeder schlägt, beginnt sie im Gehäuse zu schwingen und erzeugt einen außergewöhnlich reinen Ton. Um dieses neue Meisterwerk herzustellen, musste auf den automatischen Aufzug des Originals verzichtet werden. Die Master Memovox ist jetzt mit einem Kaliber 914 ausgestattet, das mit 28 800 Halbschwingungen arbeitet und auf 18 Rubinen gelagert ist. Ihre Zuverlässigkeit muss sie vor Verlassen des Werks in einem strengen 1000-Stunden-Dauertest unter Beweis stellen. Dabei wird sie aufgezogen und in Ruhestellung geprüft, unterschiedlichen Temperaturen und unterschiedlichen Magnetfeldern ausgesetzt, auch einem Druck bis zu 5 Atmosphären. Ein Goldsiegel auf dem Gehäuseboden bescheinigt im Übrigen ihren fehlerfreien Lauf.

Das Originalmodell der Memovox, der ersten Armbanduhr mit automatischem Aufzug.

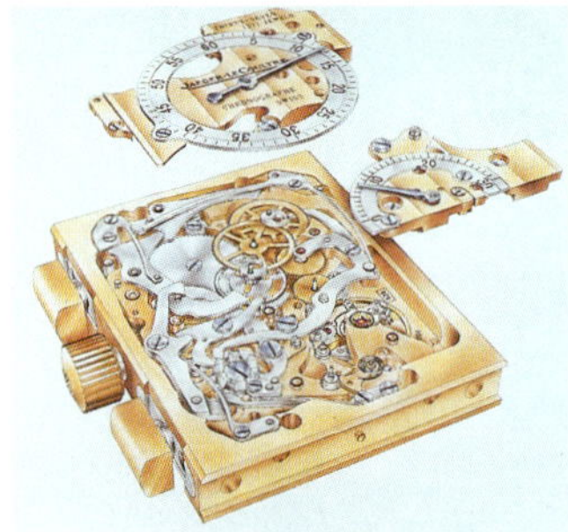

Explosionszeichnung des Werks der Reverso Chronographe. Sekundenzeiger und Minutenzähler sind auf der Rückseite des um 180 ° in der Längsachse drehbaren Gehäuses angeordnet. So gesehen verfügt die Uhr über zwei „Vorderseiten".

Ein Polomatch für die Ewigkeit

Eine klassische Version der Reverso („Drehuhr"), deren Linien vom Art-déco-Stil beeinflusst sind.

Zu den Hauptproblemen der Offiziere der britischen Armee in Indien gehörten in den 1930er-Jahren noch nicht der Zusammenbruch des Kolonialreichs, auch noch nicht die Bedrohung durch das nationalsozialistische Deutschland. Diese jungen Leute, die sich die Langeweile mit rauen Polomatches vertrieben, hatten es mit einer ganz banalen Schwierigkeit zu tun: Das Polospiel setzte ihre wertvollen Uhren besonders heftigen Stößen aus. Die Herren Offiziere hatten nur die Wahl, entweder die Beschädigung ihrer Uhr in Kauf zu nehmen oder während des Spiels auf die Angabe der Zeit zu verzichten. César de Trey, ein ausgewiesener Handelsvertreter für Gold in der Uhrenbranche und erfahrener Globetrotter, entging dieses Problem nicht, als ihn eine Fernreise auch durch Britisch-Indien führte. Nach seiner Rückkehr in die Schweiz wandte er sich an den renommierten Uhrmacher Jacques-David LeCoultre, mit dem er bereits gute Beziehungen unterhielt, und regte an, eine Uhr zu entwickeln, deren Gehäuse sich wenden ließ, um es vor heftigen Stößen zu schützen. LeCoultre ließ sich schnell überzeugen und besprach sich in Paris mit seinem langjährigen Freund und Mitstreiter Edmond Jaeger. Am Ende dieser Legende steht René-Alfred Chauvot, der am 4. März 1931 eine Erfindung zum Patent anmeldet. In der Beschreibung war die Rede von einem „Gehäuse aus Edelstahl, das in seiner Fassung beweglich ist und sich vollkommen um sich selbst drehen kann". Das Prinzip beruhte auf zwei an der linken Seite des oberen und unteren Gehäuserands befestigten Nocken, die sich in Nuten bewegten. Mit kleinen an Federn befestigten Kugeln ließ sich das Gehäuse in seiner Stellung mit sichtbarem oder verdecktem Zifferblatt feststellen. Diese Anmeldung zum Patent war die Geburtsstunde der Reverso, einer Armbanduhr im Übrigen mit klaren und reinen Linien. Sie sollte über die notwendige Robustheit verfügen, um auch einer rauen Sportart gewachsen zu sein. Schnell war dem kleinen Gehäuse großer Erfolg beschieden. Er hält nun schon seit fast 70 Jahren an. Die Uhr ist im Laufe ihrer Geschichte in verschiedenen Varianten, was Index und Gehäuse-

Hier sind auf der rückwärtigen („zweiten") Seite des Gehäuses die Initialen des Besitzers eingraviert. Diese Art der Personalisierung erhöht den ideellen Wert der Armbanduhr.

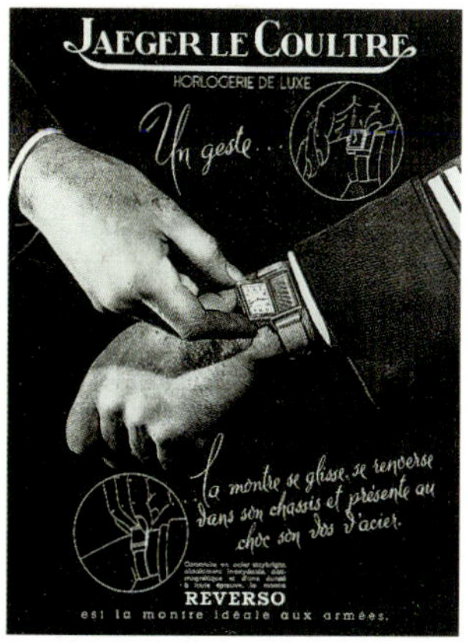

Die Werbekampagnen für die Reverso unterstrichen von Anbeginn an die verblüffende Bedienungsfreundlichkeit und Robustheit dieser Uhr.

Die Reverso Gran 'Sport, die erste automatische Reverso, ist das Ergebnis von siebenjähriger Forschungsarbeit – vom Gehäuse über das Werk bis zur Schließe. Die zahlreichen Innovationen machen die Gran 'Sport unvergleichbar.

größe anbelangt, angeboten worden. Der Boden des Gehäuses aus rostfreiem Edelstahl schützt und verbirgt das Uhrwerk. Juweliere und Graveure konnten auf der zweiten Seite der Reverso ihrer Kreativität und handwerklichen Meisterschaft freien Lauf lassen. Hier fand sich Platz für fein ziselierte Wappen der Großen unserer Welt, für sorgfältig emaillierte Miniaturen oder atemberaubenden Besatz mit Smaragden, Diamanten, Saphiren und Rubinen. Jede Reverso ist so gesehen ein Einzelstück. Erinnert sei in diesem Zusammenhang auch an einige ihrer berühmtesten Anhänger, wie den Maharadscha von Karputala, Giovanni Agnelli, Enzo Ferrari, Elton John, Gianni Versace, Claude Brasseur, Ferdinand Porsche oder Jeanne Moreau. Anlässlich des 60. Geburtstags des Modells im Jahre 1991 entschloss sich die Manufaktur zur Auflage limitierter Serien mit diversen Komplikationen wie der außergewöhnlichen Reverso Géographique.

Auch heute wieder verblüfft uns Jaeger-LeCoultre mit einer bemerkenswerten Serie – der Reverso Gran' Sport, die es in einer Automatikversion und als Chronographen mit Handaufzug gibt. Die Gran' Sport entspricht voll und ganz dem Geist der Original-Reverso, weist aber eine Reihe von Neuerungen auf: Ihr Drehgehäuse ist bis fünf Atmosphären wasserdicht und verfügt über ein automatisches Blockiersystem bei Erschütterungen. Die gewölbte Grundplatte der Uhr schmiegt sich dem Handgelenk an und sorgt für einen vorzüglichen Tragkomfort. Die Glieder des Armbands (in fünf Reihen) sind gewölbt; seine Schließe setzt sich aus 52 Einzelteilen zusammen. Das silber- oder anthrazitfarbene Zifferblatt ist mit einer Granatapfel-Guillochierung versehen und hat eine Innenschiene zur Minutenanzeige. Die Chronographenversion ist mit dem neuen Kaliber 859 mit Handaufzug ausgestattet, die Automatikversion schlägt im Rhythmus des ebenfalls neuen Kalibers 960R, des ersten Automatikwerks einer Reverso.

Der Boden des Zifferblatts dieser Reverso Géographique ist fein mit Rauten guillochiert. Die schwarzen Anzeigen mit arabischen Stabziffern wirken elegant und sind gut ablesbar.

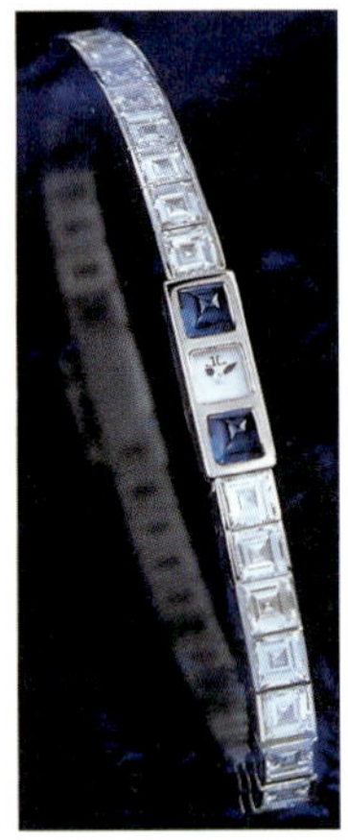

Das Kaliber 101, seit seiner Entwicklung das kleinste mechanische Uhrwerk der Welt, ist kaum größer als ein Streichholzkopf. Es lässt sich sogar in manche Ringe einbauen.

Königliches Kaliber und ein Malheur

Diese Ausführung der Calibre 101 ist mit Diamanten besetzt und mit dem Reverso-Mechanismus ausgestattet.

Einige Jahre, nachdem sich die Uhrmacher von Jaeger-Le Coultre mit der Duoplan ausgezeichnet hatten, setzten sie ihre Bemühungen um die Miniaturisierung mit der Calibre 101 fort. Dieses Modell aus dem Jahre 1929 besitzt das kleinste mechanische Uhrwerk aller Zeiten. Vergegenwärtigen wir uns einige technische Details: Das Gewicht beträgt weniger als ein Gramm, das Kaliber aus 98 Einzelteilen misst 14 mal 4,8 mal 3,4 mm, und das Werk mit 19 Lagersteinen arbeitet mit 21600 Halbschwingungen pro Stunde. Diese winzig kleinen Uhrwerke, die ein Streichholz wie einen Baumstamm aussehen lassen, wurden für zahlreiche mit Edelsteinen besetzte Kreationen eingesetzt. Die Uhren sind in ihrem Charakter einem Schmuckstück näher als einer Armbanduhr. Die Ausführung für die englische Königin hatte eine ganz eigene Geschichte: Elisabeth II. erhielt eine Calibre 101 als Geschenk von ihrem Vater George VI. Damals war sie noch Thronfolgerin. Leider verlor sie das edle Schmuckstück bei einem Spaziergang in Kensington Gardens (London). Anschließend musste sie sich in Geduld üben, bis der sehr gut informierte Präsident von Jaeger-Le Coultre, Vincent Auriol, ihr bei einem offiziellen Besuch im März 1950 ein Ersatzmodell überreichte. Drei Jahre später ließ Elisabeth dieses Geschenk bei ihrer Krönung zur Geltung kommen. Aber das Schicksal meinte es mit dieser zweiten Uhr ebenfalls nicht gut. Sie ging bei einem Jagdausflug verloren. Doch konnte dieses neuerliche Malheur das Modell natürlich nicht in Vergessenheit geraten lassen, und so setzte es seine erfolgreiche Karriere fort. Gegenwärtig ist die Calibre 101 in einer Reverso-Version im Handel. Deren Gehäuse ist mit vier Reihen Diamanten besetzt. Noch immer werden alle Teile der Uhr ausschließlich von Hand gefertigt. Übrigens sind lediglich zwei Uhrmachermeister der Manufaktur in der Lage, dieses Werk entsprechend den hoch gesteckten Qualitätsanforderungen fachgerecht zu montieren.

Königin Elisabeth von England am Tag ihrer Krönung im Jahre 1953. Bei dieser Gelegenheit trug sie eine prunkvolle Ausführung des Modells Calibre 101.

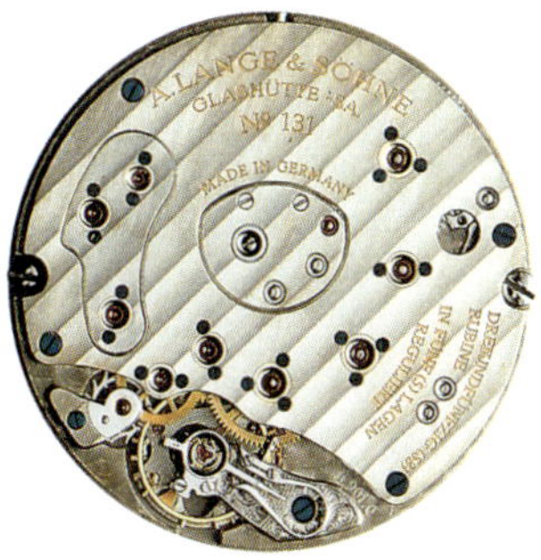

Das Kaliber L901.0 in seiner ganzen Perfektion. Sein doppeltes Federhaus verleiht ihm eine Gangreserve von drei Tagen.

Eine verdiente Rückkehr

Der Fall der Berliner Mauer steht heute für die Wiedervereinigung Deutschlands, aber ebenso für den ungebrochenen Willen zahlloser Menschen, zu denen auch Walter Lange zählt. Sein Wille war es, die von seinem Urgroßvater Ferdinand Adolph rund 150 Jahre zuvor ins Leben gerufene Manufaktur zu reprivatisieren. Kennzeichnend für die Manufaktur Lange ist, dass ihr im Verlaufe einer langen Tradition immer wieder große Erfolge beschieden waren. Nach dem Zweiten Weltkrieg wurde die Manufaktur verstaatlicht und ging in einem Kombinat auf. Man kann es gut verstehen, dass unter Uhrenliebhabern viele Emotionen im Spiel waren, als mit der Lange 1 im Jahre 1994 die Wiedergeburt des Unternehmens gefeiert werden konnte.

Die Lange 1, eine elegante Herrenarmbanduhr, verkörpert die Verpflichtung gegenüber der Tradition und genügt zugleich den hohen technischen Anforderungen der Gegenwart. Die digitale Datumsanzeige im rechteckigen Doppelfenster bei 1 Uhr ist bei diesem Modell als eine deutliche Anspielung auf die berühmte Fünf-Minuten-Uhr der Dresdener Semper-Oper zu verstehen. Diese Uhr war einst in der Verantwortung des Gründungsvaters der Manufaktur hergestellt worden. Hintergrund der auffallend großen Datumsziffern ist eine technische Feinheit: Sie beruht auf einer Zweischeiben-Mechanik, bestehend aus einer ringförmigen Einer-Anzeige (mit den Ziffern 0 bis 9) und einer darüber liegenden kreuzförmigen Zehnerscheibe (mit den Ziffern 1 bis 3) für die Monatsdekaden. Die Pioniere der Lange 1 waren darauf bedacht, dass keine Anzeige von einer anderen überlagert wird. Deshalb wurde die Stundenanzeige exzentrisch bei 9 Uhr, die kleine Sekunde bei 5 Uhr und die Anzeige der Gangreserve bei 3 Uhr positioniert. Das Modell arbeitet mit 21 600 Halbschwingungen pro Stunde.

Die Lange 1 markierte im Jahr 1994 die lang ersehnte Rückkehr der sächsischen Manufaktur auf den Markt. Nach 1945 war das Werk verstaatlicht worden.

Das sächsische Tourbillon

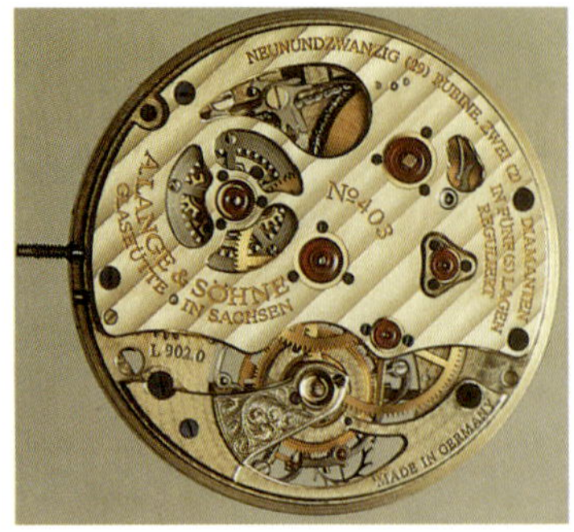

Durch den transparenten Saphirglasboden lässt sich das bemerkenswerte Kaliber L902.0 einsehen und bewundern. Die Platine wurde sorgfältig ausgefräst, um den Mechanismus der Schnecke sichtbar zu machen.

Großansicht des Tourbillonkäfigs. Das Tourbillon ist die empfindsame Seele des Modells Pour le Mérite; es eliminiert die Wirkung der Schwerkraft auf das Werk.

Der Firmengründer Ferdinand Adolph Lange wäre zu seiner Zeit über die Verleihung des vom preußischen König Friedrich Wilhelm IV. 1842 gestifteten Ordens Pour le Mérite für Wissenschaften und Künste hoch erfreut gewesen. Die hier vorgestellte Uhr trägt diesen Namen, und nichts scheint daran anstößig zu sein angesichts der Meisterleistungen, die in dieses Werk eingegangen sind. Die Pour le Mérite weist ein elegantes Zifferblatt auf, auf dem dem Kenner sofort der vergoldete Käfig eines Tourbillon ins Auge fällt. Das Tourbillon ermöglicht es, den schädlichen Wirkungen der Schwerkraft zu trotzen, indem das Herz des Uhrwerks in einem kleinen Käfig untergebracht wird, der sich in einer Minute einmal um seine eigene Achse dreht. So heben sich die von außen einwirkenden Kräfte gegenseitig auf, was einen bedeutenden Gewinn an Präzision erbringt. Hier sind die Zapfen des ausgeklügelten Tourbillonkäfigs in zwei Decksteinen aus Diamant gelagert, die ihrerseits in Goldchatonen eingefasst sind. Das Tourbillon der Pour le Mérite besteht aus 76 Einzelteilen. Es weist einen Durchmesser von lediglich 12,3 mm auf. Natürlich waren dadurch an die Feinmechanik höchste Ansprüche der Präzision gestellt. Aber das Tourbillon allein macht diese Uhr noch nicht zu einem Ausnahmestück. Erst eine zweite, noch ältere Komplikation perfektioniert das Werk.

Sie wird als „Antrieb des Räderwerks über Kette und Schnecke" bezeichnet. Das System dieses Antriebs besteht aus einem mechanischen Konus an den Seiten des Hauptfederhauses, um den sich eine Schnecke dreht, die beide Elemente verbindet. So wird die Antriebskraft der Feder ausgeglichen. Bei einem Vollaufzug zieht die Kette am kleinen Schneckenumgang, dem schmalen Teil des Konus, und ruft eine fein abgestimmte Hebelwirkung hervor. Umgekehrt entspannt sich die Feder und überträgt weniger Energie. Nun rollt sich die Kette um den größten Schneckenumgang und erzeugt somit eine starke Hebelwirkung, was die Übertragung gleich bleibender Energie und eine perfekte Zeitmessung gestattet. Das Prinzip der Regulierung mit Kette und Schnecke findet sich bereits bei den ältesten Taschenuhrmodellen. Dabei wurde bis zur Mitte des 17. Jahrhunderts anstelle einer kleinen Kette eine Darmsaite verwendet. Um für das Uhrwerk einen

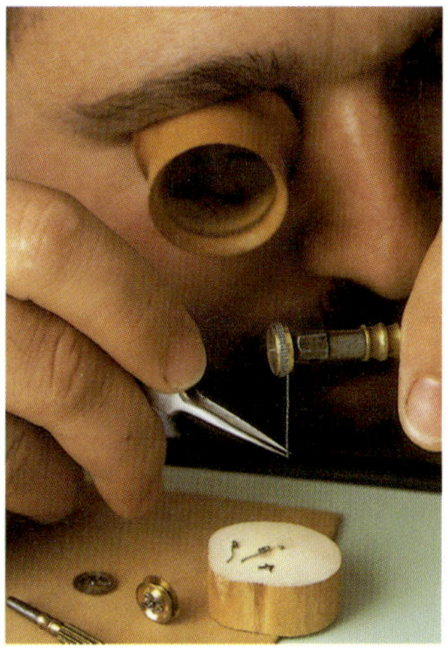

Jedes der 700 Glieder, aus welchen die Kette des Uhrwerks mit Schnecke besteht, wird sorgfältig geprüft.

Ein auf doppelte Weise außergewöhnliches Modell mit Tourbillon und Antrieb über Schnecke und Kette – das Ganze in einem feinen Platingehäuse.

gleichförmigen Energiefluss sicherzustellen, haben die Uhrmacher die Schnecke mit einem vorzüglichen Planetengetriebe versehen. Es befindet sich im Inneren der Schnecke (Durchmesser: 10 mm) und hält den Antrieb der Uhr sogar während des Aufzugs konstant. Die Anforderungen an das feinmechanische Können der sächsischen Uhrmacher wird deutlich, wenn man sich vergegenwärtigt, dass die 38 Einzelteile des Planetengetriebes auf engsten Raum angeordnet werden mussten. Solche Konstruktionen hatte die Manufaktur früher schon bei bestimmten Taschenuhrmodellen realisiert, die heute zu den teuersten Sammlerstücken überhaupt zählen. So erzielte eine Goldsavonette-Taschenuhr aus dem Jahre 1900 auf einer Versteigerung bei Habsburg in Genf 1990 sagenhafte 1,5 Millionen D-Mark.

Neben der Stunden- und Minutenanzeige mit zwei gebläuten Stahlzeigern hat die Pour le Mérite eine kleine Sekunde bei 9 Uhr sowie die Anzeige der Gangreserve bei 3 Uhr. Die beiden Hilfszifferblätter sind vertieft angeordnet und ebenfalls mit gebläuten Stahlzeigern versehen. Die großen arabischen Ziffern tragen zur nahezu perfekten Ablesbarkeit des Zifferblatts bei. Jedes Gehäuse wird von Hand angefertigt und ist nummeriert. In die Aufzugskrone graviert der Hersteller üblicherweise den Markennamen ein.

Eine Hommage an die Damen

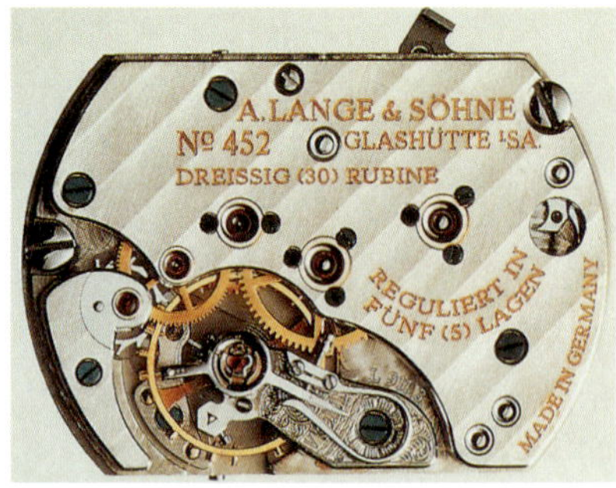

Das sehr feine Kaliber L911.4 der Arkade. Bestimmte Teile wurden handgraviert, die Chatonfassungen für die Rubine sind aus Gold und werden mit Schrauben aus gebläutem Stahl gehalten.

Eine sehr elegante, von den Arkaden des Dresdener Schlosses inspirierte Damenarmbanduhr.

Für das Uhrenmodell, das die Firma Lange & Söhne den Damen widmen wollte, ließ sie sich von den Arkaden und Loggien des alten Schlosses von Dresden inspirieren. Die Geste geschah ganz im Dienste einer Rehabilitation des Erbes einer Geschichte, in deren Mittelpunkt die Kunststadt Dresden steht. Im Inneren des rechteckigen Gehäuses der Arkade mit gerundeten Enden und sorgfältig gearbeiteten Anglierungen trägt die Uhr ein nüchternes Zifferblatt zur Schau. Darin drückt sich die klare Denkweise der Uhrmacher aus Glashütte aus. Bei 12 Uhr befindet sich die Großdatumsanzeige im goldenen Doppelfenster. Es wird von zwei massigen überdimensionierten Ziffern beherrscht. Für dieses Design war die berühmte Uhr der Semperoper das Vorbild, die 1841 Johann Christian Friedrich Gurtkaes, Lehrherr und Schwiegervater des Firmengründers, gebaut hatte. Wer weiß, dass die Datumszahlen bei Armbanduhren üblicherweise auf einer Scheibe mit den einunddreißig Tagen des Monats angebracht sind, mag sich über die erstaunliche Größe der Ziffern in einem so kleinen Gehäuse wundern. Diese technische Feinheit (s.o., S. 73) ließ sich das Unternehmen patentieren.

Dabei wirken der Stunden- und Minutenindex sehr zurückgenommen: Mit aufgesetzten römischen Ziffern werden nur die Stunden 3, 6 und 9 Uhr angezeigt; alle anderen Stunden sind mit kleinen, ebenfalls aufgesetzten rautenförmigen Plättchen indiziert. Das Zifferblatt findet sein Gleichgewicht durch eine kleine Sekunde bei 6 Uhr. Hinter dieser Fassade aus Gold und Silber, auf Wunsch auch von Diamanten eingefasst, tut sich das prächtige Kaliber L911.4 auf. Das Damenmodell Arkade, in ein Gehäuse aus 18 Karat Gold oder Platin gefasst, ist eine Uhr mit Handaufzug, mit Platinen aus Neusilber, geschraubten Chatonfassungen aus Gold und einem handgravierten Unruhkolben.

Lip | Mach 2000

Eine Chronographenversion mit farbigen Drückern und zwei Zählern bei 10 und 2 Uhr.

Auf den Schienen des TGV

Der Designer Roger Tallon verdankt seine Bekanntheit in großem Maße der Innen- und Außenausstattung des französischen Hochgeschwindigkeitszugs TGV. Doch hat er auch eine Vielzahl von Gebrauchsartikeln gestaltet. Für diesen Künstler besteht Design darin, „sich ein Problem zu stellen und die Lösung in Absprache mit den anderen Abteilungen des Unternehmens zu erarbeiten“. Einer der Gebrauchsartikel, die er als Designer entwickelt hat, ist das Modell Mach 2000 der französischen Firma Lip. Bei Einführung des Modells Anfang der 1970er-Jahre galt es als bedeutende Innovation. Diese Uhr leitete eine Revolution im Bereich des Designs ein, das die Entwicklung der beiden folgenden Jahrzehnte prägen sollte. Roger Tallon leistete damit auch unbezahlbare Dienste für einen namhaften französischen Uhrenhersteller, bei dem es damals kriselte. Dank des Geniestreichs mit Mach 2000 konnte das Unternehmen auf den schwierigen Märkten der USA und Japans beträchtliche Erfolge verbuchen. Die Serie wurde im Laufe der Zeit zu einem regelrechten Kultobjekt. Heute werden bei Auktionen für bestimmte Modelle der Serie sogar Rekordpreise erzielt. Ruht der Blick auf der Mach 2000, wird man von der weichen Linienführung, den klar ausgearbeiteten Kanten und von der Satinierung des Gehäuses in Bann geschlagen. Die große Aufzugskrone wurde bei 2 Uhr in das Gehäuse eingelassen. Sie ist leicht zu bedienen. Die kräftigen Farben garantieren eine optimale Ablesbarkeit; das Kautschukarmband passt sich nahezu allen Handgelenken an.

Eine moderne, zeitlose Form in halbrundem Aluminiumgehäuse.

Der verrückte Flieger

Unten: Viele hatten wie Charles Lindbergh den Versuch unternommen, den Atlantik zu überqueren, kamen bei ihrem gefährlichen Unterfangen aber ums Leben. Nach seiner Pioniertat sollte die Luftfahrt den großen Überseedampfern bald den Rang ablaufen.

Darunter: Flugkarte mit dem Kurs des Piloten und der Angabe des Luftdrucks.

Das Wunderkind der Luftfahrt Charles A. Lindbergh erwarb nach Abschluss seiner Ausbildung an der Luftfahrtschule von Lincoln/Nebraska (USA) ein von der Armee ausgemustertes Flugzeug und glänzte damit bei Lufttfahrtschauen. Im Alter von 24 Jahren war er bereits Pilot bei der amerikanischen Luftpost und flog auf der Route von Saint Louis nach Chicago. Er bereitete sich so auf sein lebensgefährliches Abenteuer, die Überquerung des Atlantiks, vor. Am Abend des 21. Mai 1927 war es geschafft: Wohlbehalten landete er am Rande des Flughafens Le Bourget (Paris) auf französischem Boden, 33 Stunden und 29 Minuten nachdem er in New York an Bord des Eindeckers Ryan NX-211 mit dem Namen „Spirit of Saint Louis" gestartet war. Auf dem Flughafen herrschte geschäftiges Treiben – Tausende von Zuschauern wollten an diesem Tag Lindberghs Landung miterleben. Der gefeierte Held musste in der Luft viele Strapazen überstehen. Es war ein Kampf gegen Müdigkeit, Durst und Kälte, nicht zu vergessen auch die Dunkelheit, die während eines Teils seines Flugs herrschte. Um sich zu orientieren, hatte sich Lindbergh mit einem Hilfsinstrument ausgerüstet, einer Armbanduhr der amerikanischen Wittnauer Watch Co. Dieses seitdem regelmäßig wieder neu aufgelegte Modell mit der Bezeichnung Lindbergh Angle Horaire erlaubt während eines Flugs die schnelle Berechnung der Position.

Um den Längengrad zu ermitteln, benötigt ein Flieger zwei grundlegende Informationen: die Zeit des Ausgangsmeridians (Greenwich-Zeit), der einem Stundenwinkel entspricht, und die aktuelle Uhrzeit des Längengrads, der einem zweiten Stundenwinkel entspricht. Der gesuchte Längengrad ergibt sich sodann aus der Differenz dieser beiden Stundenwinkel. Dank der Lindbergh-Uhr wird diese Berechnung noch vereinfacht, wenn vor dem Abflug einige Vorkehrungen getroffen werden. Zunächst müssen die Zeiger des Hauptzifferblatts auf die Greenwich-Zeit eingestellt werden. Nehmen wir an, es ist 11 Uhr 40 Greenwich-Zeit. Dann

Von der Lindbergh Angle Horaire gibt es eine ganze Reihe von Ausführungen, die immer wieder neu aufgelegt werden. Piloten mit Sinn für Nostalgisches aus der Pionierzeit der Luftfahrt kaufen diese Uhren sehr gern.

Das Modell aus dem Jahre 1931, ausgestattet mit einer drehbaren Lunette sowie einer Anzeige der Stundenwinkel zur Ermittlung der Breitengrade.

muss die Zeitgleichung am Sonnenmittag aufgestellt werden, das heißt, der Unterschied zwischen der tatsächlichen Zeit und der mittleren Sonnenzeit um 12 Uhr mittags. Setzen wir diese beispielsweise mit –4 Minuten an, stellen wir die Markierung der Lünette (über der Ziffer 15) auf diesen Unterschied, d.h. auf 11 Uhr 56. Der Stundenwinkel von Greenwich wird nun wie folgt abgelesen: der Stundenzeiger zeigt 165°, der Minutenzeiger 11°, der Sekundenzeiger 0° an; insgesamt ergeben sich somit 176°.

Als Nächstes haben wir die Sonnenzeit unseres Orts zu bestimmen. Nehmen wir an, es ist 9 Uhr, und wir haben mithilfe eines Sextanten ermittelt, dass unsere Position 50° nördlicher Breite beträgt. Auf dem Zifferblatt gibt uns der Stundenzeiger jetzt 135°, der Minutenzeiger 1° und der Sekundenzeiger 0° an, d.h. insgesamt ergeben sich 136°. Die Differenz der beiden Winkel beträgt somit 176–136; d.h., es ergibt sich eine westliche Länge von 40°, was etwa der Hälfte des Wegs von New York nach Paris entspricht. Die innere Scheibe auf dem Zifferblatt ist drehbar und wird mit der Aufzugskrone in die gewünschte Position bewegt, um die Synchronisation mit der Zentralsekunde zu erreichen. Sie zeigt den Minutenwinkel an. Bei all ihrer Funktionalität verzichtet die Lindbergh Angle Horaire nicht auf eine gewisse Eleganz. Die Anzeige auf dem emaillierten Zifferblatt besteht aus 12 römischen Ziffern für die Stunden und zwölf Gradeinteilungen für die Winkel von 15 bis 180 in arabischen Ziffern.

Luxuriöse Galaxis

Die Platine, Träger des Räderwerks, ist hier statt aus Metall in Halbedelstein ausgeführt, eine besonders diffizile und außergewöhnliche Arbeit.

Ein Traum aus erlesenen Steinen für diese Serie, lieferbar in Turmalin, Amethyst, Peridot, Topas, Tansanit, Aquamarin oder Citrin.

Die Gehäusestruktur einer Armbanduhr nimmt, gleich ob diese rund oder eckig ist, alle Bestandteile des Mechanismus auf. Diese Strukturkomponente einer Uhr wird gewöhnlich in Messing oder anderen Legierungen ausgeführt, die eine Wärmedehnung von nahezu Null aufweisen. Groß war die Überraschung, als das Haus Mauboussin auf der Baseler Messe von 1998 dieses Modell Cosmos vorstellte. Auf den ersten Blick könnte man die Cosmos für eine reine Schmuckuhr halten, deren durch den Boden aus Saphirglas sichtbarer Mechanismus mit Edelsteinen verziert ist. Doch bei näherer Betrachtung der Platine mit den Rädern, Zapfen und Rubinen des Mechanismus stellt man mit Erstaunen fest, dass die Uhr nicht aus Metall, sondern aus Lapislazuli besteht. Diese schon sehr diffizil auszuführende Arbeit wird bei Cosmos dadurch noch zusätzlich erschwert, dass sich eine Vielzahl von Motiven auf engstem Raum befinden. Saturn und sein Ring, durch eine kräftige Einfassung aus Weißgold geschützt, sind aus Rubin und Gold geschliffen, wohingegen die Sterne aus Diamanten, Mond und Kometenschweif aus Perlmutt gearbeitet sind. Der Mond befindet sich zwischen Federhaus und Aufzugsmechanismus, was den Eindruck der Tiefe des Ganzen noch verstärkt. Die Uhrmacher von Mauboussin haben die Cosmos mit einem Tourbillon ausgestattet. Der Herz des Mechanismus ist in einem kleinen Käfig eingeschlossen, der sich um seine eigene Achse dreht. So wird die Gangabweichung, verursacht durch die Einwirkung der Schwerkraft, auf ein erträgliches Minimum reduziert. Die Cosmos ist ein technisches Meisterwerk, das freilich auch seinen Preis hat. Der Käufer dieser Armbanduhr darf zwischen dem Werkstoff Turmalin, Amethyst, Peridot, Topas, Tansanit, Aquamarin oder Citrin wählen. Er muss für eine Uhr allerdings die Kleinigkeit von etwa 200 000 Euro ausgeben.

König Juan Carlos von Spanien hat sich wie zahlreiche andere Persönlichkeiten des öffentlichen Lebens für dieses Modell klassischer Eleganz entschieden.

Ein Erkennungszeichen

Ein außergewöhnliches Design, das auf Leichtigkeit und Nüchternheit setzt und einen Teil des Erfolgs seinem Armband aus Naturkautschuk verdankt.

Mit einem Design, das nicht der Norm entspricht, hat sich diese außergewöhnlich elegante Armbanduhr auf dem Markt durchzusetzen vermocht. Sie wird von zahlreichen Persönlichkeiten des öffentlichen Lebens getragen – von Juan Carlos bis zu Sylvester Stallone. Groß ist die Zahl der bedingungslosen Anhänger der Hublot und ihres eleganten Kautschukarmbands. Die von der Form des Bullauges eines Schiffes inspirierte Hublot verfügt über eine sorgfältig gebürstete Lünette. Sie ist mittels Schrauben am Gehäusemittelteil befestigt. Diese Schrauben fungieren gleichzeitig als Stundenindex. Das Zifferblatt der Uhr wirkt extrem nüchtern und weist einen tiefschwarzen Boden auf. Drei fein gearbeitete Zeiger und ein rechteckiges Fenster mit Goldrahmen bei 3 Uhr runden den Gesamteindruck ab. Am teilweise glanzpolierten Gehäusemittelteil mit weichen Anglierungen lassen sich beidseitig (bei 3 und 9 Uhr) horizontale Verschiebungen beobachten. Diese Auslage des Materials gewährleistet den gleich bleibenden Druck auf die Dichtung zwischen Lünette und Gehäusemittelteil und garantiert die maximal mögliche Dichte. Bei 6 und 12 Uhr läuft das Gehäuse in zwei Abschrägungen aus, die den Übergang zum Armband herstellen.

Die Verwendung von Naturkautschuk mit innerer Stahlverstärkung garantiert die stabile Verankerung des Bandes am Gehäuse und bietet dem Besitzer der Uhr erheblichen Tragkomfort.

Zuerst mit einem Quarzuhrwerk ausgestattet, ist die Hublot kürzlich in einer mechanischen Version mit automatischem Aufzug und weichen, futuristischen Linien auf den Markt gekommen – alle Freunde der Uhr werden begeistert sein.

Zwei Fliegen mit einer Klappe

Ein einfallsreiches Taschenmodell, dessen Mechanismus durch die Hin- und Herbewegung des Gehäuses aufgezogen wird. Dieses Modell hier ist in vergoldetem guillochiertem Metall ausgeführt.

Von zarter Hand wird ein kleines, elegant verziertes Metallgehäuse aus einer Handtasche genommen. Nun zieht die zweite Hand an einer Seite des Gehäuses dieses ungewöhnlichen Gegenstands, sodass ein viereckiges Zifferblatt mit kostbarem Index sichtbar wird. Ein aufmerksamer Beobachter hätte feststellen können, dass beim Öffnen eine unsichtbare Kraft die (bei 12 Uhr befindliche) Aufzugskrone betätigt zu haben scheint. Nach dem Ablesen der Uhrzeit schließen die zarten Hände das Gehäuse wieder, wodurch der Aufzug erneut betätigt wird. – Wir bewegen uns bei dieser Beobachtung in den 1930er-Jahren. Damals erfreute sich die Ermeto-Taschenuhr enormer Beliebtheit – die Damen ließen sie in ihre Handtasche gleiten, während die Herren sie in der Westentasche trugen. Von einer soliden Metallumhüllung geschützt, musste das Kaliber 150 MN keinen Stoß fürchten, der damals noch jeder Armbanduhr zu schaffen machte. Dieser charakteristische Schutz trug zum Leumund der Ermeto nicht unerheblich bei. Sie musste aber auch der Devise gerecht werden, die sich im Firmennamen ausdrückte: Die Familie Ditesheim, die die Uhr herstellte, hatte für ihr Unternehmen einen ehrgeizigen und hoffnungsvollen Namen gefunden: „Movado“, was auf Esperanto, dieser seltsamen Welthilfssprache, von der man sich damals Großes erhoffte, so viel wie „immer in Bewegung“ bedeutet. Folglich war es ein „Muss“, die Ermeto mit einem automatischen Aufzugsystem auszustatten. Der geniale Aufzugsmechanismus der Ermeto basierte auf einem System von Zahnstangen. Beim Öffnen und Schließen des Gehäuses rasten die Zahnstangen an beiden Seiten in die Aufzugskrone ein, bewegen diese und ziehen damit die Feder im Federhaus auf.

Die Größe des Gehäuses ermöglichte es den Juwelieren, ihrer Phantasie freien Lauf zu lassen. Das Design dieses emaillierten Modells spiegelt ganz den Geist der 1930er-Jahre wider.

Movado Andy Warhol Times/5

Von der Manufaktur zur „Factory“

Die Factory, das berühmte Atelier Andy Warhols, in dem sich ab Ende der 1960er-Jahre die Crème der zeitgenössischen Kunstszene ein Stelldichein gab, trug einen verpflichtenden Namen: „Irgendwann“, hieß das, war der Besitzer gehalten, wieder Bande mit der Industrie zu knüpfen. Mit Gerry Grinberg, damals Generaldirektor der NAWC (North American Watch Corporation), des Mutterhauses von Movado, sollte Warhol einen wichtigen Gesprächspartner finden. Denn Grinberg regte den Pop-Art-Künstler an, das Projekt mit einer Armbanduhr zu realisieren. Armbanduhren faszinierten Warhol schon seit langem. Hellauf begeistert war er von der Idee einer Armbanduhr mit mehreren Gehäusen. Bis zu seinem Tod im Jahre 1987 fertigte er dazu zahlreiche Skizzen und Studien an. Das Projekt wurde später von Vincent Fremont, dem Direktor des Warhol-Studios, zu Ende geführt. Die Andy Warhol Times/5 weist fünf extrem flache Gehäuse auf, die in ihrer Sequenz ein Armband bilden. Die Vorderseiten der rechteckigen Gehäuse zeigen Ansichten von New York, die ein wenig geisterhaft-entrückt wirken. Die Gehäuse aus geschwärztem Stahl sind durch gewölbte Scharniere verbunden. Sehr markant wirkt das Rot des Stunden- und Minutenzeigers. Es unterstützt die Ablesbarkeit. Die Auflage der (nicht im Handel erhältlichen) Uhr ist auf 250 Exemplare beschränkt. Sie war für Privatsammler und Museen gedacht und ist inzwischen zu einem begehrten Kultobjekt geworden.

Die Leidenschaft Andy Warhols für die Uhrmacherkunst und die Stadt New York wird hier in einer außergewöhnlichen Ausführung dargestellt, die Uhrenliebhaber schnell schätzen gelernt haben.

Eine Version mit rechteckigem Gehäuse. Die Polyplan passte sich dem Handgelenk ihres Trägers vorzüglich an. Sie war ihrer Zeit weit voraus und hatte bereits eine ergonomische Form.

Avantgardistische Ergonomie

In den Movado-Katalogen zwischen 1910 und 1921 konnte man nicht weniger als 704 völlig eigenständige Gehäuseformen antreffen. Diese Vielfalt auf dem Gebiet der Armbanduhren war auf ihre Art einzigartig. 1912 stellten die ins Ausland gegangenen Mitglieder der elsässischen Unternehmerfamilie Ditesheim ein außergewöhnliches Modell vor, das Sammlern und Liebhabern bald lieb und teuer wurde. Am Anfang der Entwicklungsarbeit für dieses Modell Polyplan gab es die Vorstellung von Isodor Ditesheim, eine elegante, länglich rechteckige Uhr zu fertigen, die sich mit einer markanten Wölbung perfekt dem Handgelenk anpasst. Diese Wölbung fiel dann aber so ausgeprägt aus, dass sich in dem formschönen Gehäuse kein klassisches Uhrwerk mehr unterbringen ließ.

Die Ingenieure wollen sich zunächst mit einem kleinen runden Uhrwerk in der Mitte des Gehäuses zufrieden geben, doch wurde dieses Vorhaben rasch fallen gelassen. Wegen der Größe der Unruh befürchtete man eine Beeinträchtigung der Ganggenauigkeit. So entwickelten die Meister eine seltsam anmutende Platine, deren Enden um 25° gekrümmt waren. Das Uhrwerk war dabei auf drei unterschiedlichen Ebenen untergebracht: Bei 6 Uhr befand sich die Unruh, die durch einen eigenwillig gebogenen Ankerrechen mit dem Hauptwerk verbunden war, während die Aufzugskrone bei 12 Uhr in einem Winkel von 25° in das Minutenrad eingriff. Das Unternehmen hatte mit dieser Uhr eine technische Meisterleistung vollbracht. Doch eine hohe Auflage erreichte sie dennoch nicht, da ihr Preis sehr hoch war. Unverkennbar an der Uhr ist ihre Silhouette, ebenso unverkennbar aber auch die Aufzugskrone bei 12 Uhr.

Ovales Gehäuse aus Gold mit Aufzugskrone bei 12 Uhr. Die abgestufte Verkleinerung der Ziffern zwischen 6 und 12 Uhr soll den Eindruck von räumlicher Tiefe zum Gehäuseoberteil vermitteln.

Eine Marinegeschichte

Das Modell Luminor ist bei Sammlern sehr begehrt. Es zeichnet sich durch seine großen Leuchtziffern auf schwarzem Grund und den exklusiven Sicherheitsbügel für die große Aufzugskrone aus. Inzwischen ist die Luminor wieder neu aufgelegt worden.

Das Haus Panerai hat von Anbeginn an mit der italienischen Marine zusammengearbeitet. Kaum zwei Jahre nachdem sich Meister Guido 1865 in Florenz niedergelassen hatte, erhielt er den ersten offiziellen Auftrag von der Marine. Die italienische Marine war im Übrigen die erste, die ein Entwicklungsprogramm auf dem Gebiet der Unterwasserfahrzeuge in Angriff nahm. Im Ersten Weltkrieg wurde eine Spezialeinheit aufgestellt, die „Motoscafi Anti Sommergibile“. Deren erster großer Erfolg war die Zerstörung eines schweren Panzerkreuzers auf der Reede von Pula in Dalmatien, das damals zu Österreich-Ungarn gehörte. An Bord der italienischen Kriegsschiffe gab es bereits einen Panerai-Rechner. Viel später und unter völlig veränderten historischen Umständen wurde im Jahre 1941 von der italienischen Marine ein Torpedo-Verband aufgestellt. Er war mit hochwertigen Geräten ausgerüstet, darunter auch der berühmten Luminor, genauer: ihrer Vorgängerin Radiomir, die ihren Namen dem chemischen Element Radium verdankt. Es war bei der Beschichtung der Anzeigen verwendet worden. Die vergleichsweise große Luminor wirkt extrem schlicht. Allein eine ungewöhnliche Vorrichtung an der Seite des Tonneaugehäuses, die die Aufzugskrone umschließt, fällt aus dem Rahmen dieses nüchternen Dekors. Es handelt sich dabei um ein patentiertes System zum Schutz vor unbeabsichtigtem Verstellen der Uhrzeit. Um in das Uhrwerk eingreifen zu können, muss ein kleiner Arm aufgeklappt werden, der die Sicherung des Aufzugs freigibt – eine Besonderheit, die zum Charakteristikum der Luminor wurde und auch bei den zur Zeit angebotenen Neuauflagen eingesetzt wird. Bei diesen Modellen wurde das Rolex-Uhrwerk mit Einmetallunruh und 17 Rubinen je nach Ausführung durch die Kaliber Valjoux 7750P1 bzw. ETA 2893/2 ersetzt.

Ein kleiner Schritt für einen Menschen, ein großer Sprung für Omega

Eines der ersten Modelle der Speedmaster, das von Neil Armstrong getragen wurde, hatte ein Armband mit Klettverschluss. Die Uhr war auch am unförmigen Astronautenanzug gut zu handhaben.

Die 1958 gegründete amerikanische Luft- und Raumfahrtbehörde NASA (National Aeronautics and Space Administration) war von Anbeginn an bemüht, ihre künftigen Astronauten mit einer zuverlässigen Armbanduhr auszustatten. Sie sollte Temperaturschwankungen von –18 bis 93°C und Beschleunigungen von 12 G aushalten, sich ferner durch eine extreme Feuchtigkeits-, Schwingungs- und Stoßfestigkeit auszeichnen. Fünf Modelle verschiedener Hersteller kamen in die Vorauswahl, aber nur die Speedmaster war letztlich den besonders harten Tests der Techniker der NASA gewachsen. Im Jahre 1964 erhielt sie den Status einer offiziellen Armbanduhr für die US-Astronauten.

Ab 1965 wurde die Speedmaster im All getestet, zuerst von den Astronauten Grissom und Young an Bord von Gemini III. Während seines spektakulären Weltraumspaziergangs trug der Amerikaner Edward White die Speedmaster an seinem Handgelenk, die dabei extremen Temperaturen ausgesetzt wurde. Doch die Verhältnisse im Weltraum konnten die Fähigkeiten der Uhr in keiner Weise beeinträchtigen. 1966 gelangt sie an das Handgelenk desjenigen, der sie später unsterblich machen sollte – Neil Armstrong. Damals war Armstrong Kommandant von Gemini VIII. Zusammen mit David Scott erprobte er die Rendezvous-Technik von Raumkapseln im All.

Drei Jahre später unternahm Neil Armstrong den bedeutendsten Flug seiner Karriere, der in der ersten bemannten Mondlandung gipfelte. Neben Armstrong, Mike Collins und Buzz Aldrin nimmt die Kapsel noch eine tonnenschwere Last mit an Bord; die Landefähre mit Armstrong und Aldrin erreicht ohne gravierende Zwischenfälle ihr Ziel. Es war die Zeit, da Stanley Kubrick das Publikum mit *2001: Odyssee im Weltraum* zu begeistern verstand. Weltweit 500 Millionen Zuschauer sitzen vor dem Fernseher und verfolgen ein einmaliges Ereignis der Menschheitsgeschichte – zum ersten Mal betritt ein Mensch den Mond. Man schreibt den 21. Juli 1969, es ist 2 Uhr 56 MEZ. Mit an Bord war auch die Speedmaster. Deren Auftrag war damit aber keineswegs beendet. Sie wurde bei allen Ausflügen getragen. Dabei gestattete sie den Astronauten u.a. die Kontrolle ihrer Sauerstoffreserve. Bei einer so heiklen Mis-

Die Replica ist eine nahezu identische Replik des Modells, das die Astronauten 1969 bei ihren ersten Schritten auf dem Mond begleitete.

Der Index mit weißen Stabzeigern auf dem schwarzen Hintergrund des Hauptzifferblatts garantiert optimale Ablesbarkeit selbst bei schwachem Licht und verleiht der Uhr eine elegante Nüchternheit. Das Modell darf deshalb nicht nur als ein rein technisches Meisterwerk betrachtet werden.

sion hätte die Uhr schon bei kleinster Abweichung verhängnisvolle Folgen einleiten können. Dies bewahrheitete sich beim Mondflug von Apollo XIII im April 1970, als im Versorgungsteil der Kapsel ein Sauerstofftank explodierte und die Mondlandung an technischen Schwierigkeiten scheiterte. Der Besatzung gelang es aber, die Raketenantriebe zu zünden und Kurs auf die Erde zu nehmen. Ein funktionsfähig gebliebenes Instrument, die Speedmaster, hatte das Ihre mit dazu beigetragen, die exakte Brenndauer der Raketen zu bestimmen, die die Astronauten auf den richtigen Kurs brachten. Diese Kultuhr von Omega erhielt danach die höchste von der NASA verliehene Auszeichnung, den Snoopy Award.

Später konnte sich die Speedmaster weiter auszeichnen. Sie wurde zur offiziellen Armbanduhr gemeinsamer amerikanisch-russischer Weltraumunternehmungen, und sie wurde dem russischen Präsidenten Boris Jelzin als Geschenk überreicht. Bei alldem wollen wir aber nicht die Uhr selbst vergessen. Bei ihrer Einführung im Jahre 1957 hatte die Speedmaster noch das Kaliber 321. Später erhielt sie das leistungsstärkere Kaliber 861. Der Aufzug erfolgt von Hand, die Gangreserve beträgt 45 Stunden.

Das Gehäuse aus rostfreiem Edelstahl schützt gegen Stöße, Magnetfelder, Temperaturschwankungen bis zu 100°C, und es ist bis 30 Meter wasserdicht.

Abgesehen von ihren klassischen Anzeigefunktionen ist die Speedmaster ein Chronograph mit zwei Drückern. Die Chronometerfunktion wird mit dem ersten Drücker bei 2 Uhr aktiviert und mit dem zweiten Drücker bei 4 Uhr zurückgestellt. Die Uhr verfügt über drei Hilfszifferblätter: bei 3 Uhr zur Anzeige der Sekunden mit einer Skala von 0 bis 30, bei 9 Uhr zur Anzeige der Minuten von 0 bis 60 und bei 6 Uhr zur Anzeige der Stunden von 0 bis 12.

Die Speedmaster bietet darüber hinaus eine auf der Lünette eingravierte Tachymeterskala von 60 bis 500. Mit dieser Skala lässt sich die Geschwindigkeit des Fahrzeugs bestimmen, in dem sich der Träger der Uhr befindet.

Omega | Seamaster 300M GMT

Der ständige Begleiter von 007

Omega setzte seinen Erfolg mit diesem neuen Modell fort. Es bietet einen besonderen Zeitzonenmesser – unerlässlich für jeden Globetrotter.

Die Seamaster 300M GMT ist in zwei Versionen erhältlich, mit Stahlarmband und mit schwarzem Kautschukarmband. Ihre wuchtigen Ziffern von 0 bis 24 stehen auf hellem Hintergrund für den Tag und auf schwarzem für die Nachtstunden.

Die Situation für den Geheimagenten 007 Ihrer Majestät scheint höchst bedrohlich. Wird es unserem guten alten James Bond gelingen, aus dem Eisenbahnwagen mit bleigeschwängerter Luft zu entkommen und sich auch dieses Mal zu retten? Noch sieht der Zuschauer des dramatischen Geschehens keinen Ausweg. Und dennoch: eine schnelle Handbewegung, und aus der Seamaster von 007 wird ein extra starker Laserstrahl abgefeuert, der den Bedrängten wieder einmal aus arger Not befreit.

Doch lange bevor sie als futuristisches Spielzeug des berühmtesten Geheimagenten aller Zeiten zum Zuge kam, hatte die Seamaster dank ihrer Qualität und Präzision bereits die professionellen Taucher überzeugt, und dies schon seit ihrer Einführung im Jahr 1932 unter der Bezeichnung „Marine". Von 1939 an wurden mit ihr die Angehörigen der britischen Royal Navy ausgerüstet. Es war wohl der Taucher Jacques Mayol, der der Seamaster schließlich zu größtem Ruhm verhalf, als er mit ihr am Handgelenk bis in eine Tiefe von 101 Meter hinabtauchte.

Aus Anlass des fünfzigsten Geburtstags der Uhr wurde das Modell Seamaster 300M GMT auf den Markt gebracht. Es setzt nun die Linie seiner Vorgänger fort. Diese Uhr ist massiv und robust. Ein Stundenindex in Form breiter plattierter Trapeze und kräftige, mit Tritium beschichtete Blattzeiger sorgen für eine vorzügliche Ablesbarkeit der Zeit. Gehäuseboden und Aufzugskrone der Uhr sind verschraubt. So soll eine absolute Gehäusedichte garantiert werden (bis 300 Meter).

Die Uhr weist eine in beide Richtungen drehbare Lünette mit zweifarbiger Gravierung von 0 bis 24 auf, die auch dank des roten Zeigers mit Dreiecksspitze die Zeitzonenmessung optimiert.

Die 300M GMT (rhodiniert, mit Perlschliff und Genfer Streifen) ist mit dem automatischen Aufzug Omega 1128 ausgestattet.

Uhrenvergleich amerikanischer Piloten vor ihrem Kampfeinsatz.

Die neu aufgelegten Modelle der Big Crown-Serie profitieren von ihrer Ausstattung mit den mechanischen Werken der Manufaktur ETA.

Eine Frage von Leben und Tod

Während des Zweiten Weltkriegs hatten die amerikanischen Piloten im Kampfeinsatz über Europa immer das gleiche Problem, wenn sie sich in großer Höhe befanden – das Problem der Einstellung ihrer Armbanduhren auf die verschiedenen Zeitzonen. Denn wegen der Kälte waren sie natürlich gezwungen, dicke Lederhandschuhe zu tragen, was die Bedienung einer Aufzugskrone erschwerte. Die Marke Oris bot mit ihrer Big Crown („große Krone") eine Lösung an: Eine bei 3 Uhr angeordnete überdimensional große Aufzugskrone ermöglichte die ausreichend komfortable Bedienung. Auch reduzierte sie die Gefahr einer Fehlbedienung. In Situationen auf Leben und Tod kann ein solches Missgeschick verhängnisvolle Folgen haben. Das nebenstehende Modell ist mit einem Zifferblatt auf weißem Grund mit großem goldenen Stundenindex ausgestattet, mit erhabenen arabischen Ziffern für die geraden Stunden, mit erhabenen spitzwinkligen Dreiecken für die ungeraden Stunden. Diese Neuauflage der Big Crown verfügt auch über das so genannte Oris Pointer-System zur Datumsanzeige. Das Datum wird mithilfe eines Gabelzeigers und eines konzentrischen Datumsindex von 1 bis 31 angezeigt. Die kräftigen Blattzeiger sind mit Tritium beschichtet. Diese Uhr mit dem Kaliber ETA 2836-2 und 11 1/2 Linien hat 27 Rubine und arbeitet mit 28 800 Halbschwingungen pro Stunde. Die Gangreserve beträgt 38 Stunden. Zusammen mit der großen Krone aus Edelstahl gibt die gerändelte Lunette dieser Uhr ihr unverwechselbares Aussehen.

Die gerändelte Aufzugskrone ist auffallend groß. So sollte den Piloten die Einstellung der Uhr erleichtert werden, wenn sie im Einsatz waren und dicke Handschuhe trugen.

Ein Zeiger auch für das Datum

„Welchen Tag haben wir heute?" So textete das Unternehmen 1939 seine Werbung für die Uhr mit neuartiger Datumsanzeige.

Beim System der Datumsanzeige mit Zeiger hat man alle Tage des laufenden Monats im Blick.

Paul Cattin und Georges Christian, die Gründer des Unternehmens aus Hölstein in der Schweiz, waren wohl der Ansicht, dass die Anzeige des Datums in einem kleinen Fenster (üblicherweise bei 3 Uhr) zu klein sei. So entschieden sie sich für ein gewagtes Projekt – für die Entwicklung eines sich zusätzlich zum Stunden-, Minuten- und Sekundenzeiger drehenden Zeigers, der das Datum im Umfeld aller Tage des Monats anzeigt. Das Ergebnis ihrer Entwicklungsarbeit konnte sich sehen lassen: die Pointer, ein sehr elegantes Modell mit markanten Linien. Zu ihrem Zifferblatt auf schwarzem Grund gehörte ein komfortables Edelstahlgehäuse in Tonneauform. Das Besondere der Uhr war ihr doppelter Index – der eine für die Stunden- und Minutenanzeige mit großen arabischen Ziffern von 0 bis 12 (innen), der andere für die Tage des Monats mit kleinen arabischen Ziffern von 0 bis 31 (außen). Dabei erfolgte die Anzeige des Tages mithilfe eines an der Zentralachse befestigten pfeilförmigen Zeigers. Eingestellt wurde die Uhr mit der gerändelten Aufzugskrone bei 3 Uhr. Inzwischen hat das Haus Oris mehrere Versionen dieses beliebten Modells neu aufgelegt. Dazu zählt auch diese Ausführung mit dem mechanischem Uhrwerk 574 mit 17 Rubinen und einer Gangreserve von beachtlichen 45 Stunden.

Diese Uhr mit schwarzem Zifferblatt greift das System des doppelten Index auf. Die Minuteneinteilung befindet sich auf einer kreisrunden Schiene. Die Sekunden werden zentral angezeigt. Zur besseren Erkennung des Datums endet der Tageszeiger in einer kleinen roten Gabel. Die Uhr ist bis maximal 30 Meter wasserdicht.

Michel Parmigiani, genial und leidenschaftlich, hier an seinem Arbeitsplatz in Fleurier im Jura bei Neuchâtel.

Durchdacht bis ins kleinste Detail

Ein prächtiges skelettiertes Modell aus Gold. Alle Teile sind von Hand gefräst und guillochiert. Hinter blauen Zeigern tut sich ein Wunderwerk der Feinmechanik auf.

Ohne Frage wurden Michel Parmigianis große Geschicklichkeit und sein Sinn für Details durch seine Tätigkeit als Restaurator von komplexen alten Uhren ausgeprägt. Schnell war die Zunft bereit, das Wunderkind (von heute 50 Jahren) in den Kreis der besten Uhrmacher aufzunehmen. Im Jahre 2000 konnte seine Manufaktur ihr zehnjähriges Bestehen feiern. Parmigiani ist Goldschmied und Techniker in einer Person. Er hat das Ensemble erlesener Armbanduhren um ein anspruchsvolles klassisches Modell erweitert. Die Rede ist von seiner Automatique squelette. Diese Skelettuhr besticht durch ihre Schlichtheit. Das feine Werk mit einem Gehäuse aus Gelbgold mit gerändelter Lünette kann von beiden Seiten durch die transparenten Saphiergläser für Zifferblatt und Boden gut eingesehen werden. Der Gehäusekranz um das Zifferblatt soll die Tiefendimension des Mechanismus betonen. Dieser Kranz ist in stilisierter Blumenornamentik gehalten – eine diskrete, aber vielsagende Hommage an das Tal von Fleurier, wo der Meister im Alter von sechzehn Jahren seine ersten Gehversuche auf dem Gebiet der Uhrmacherkunst unternahm. Unterhalb des Gehäusekranzes beginnt die wunderbare Welt der Feinmechanik, die von 25 Rubinen ihre Funktionsfähigkeit erhält. Unter dem Räderwerk lassen sich die regelmäßigen Bewegungen des gefrästen Goldrotors ausmachen. Er trägt die Initialen des Hauses – PF (**P**armigiani **F**leurier). Die speerförmigen Stunden- und Minutenzeiger aus blau angelassenem Stahl erlauben eine vorzügliche Ablesbarkeit und korrespondieren im Übrigen diskret mit dem in die Aufzugskrone eingelassenen Saphir. Das Uhrwerk hat das Kaliber 13 101 mit 11,5 Linien; die Garantie beträgt zehn Jahre.

Dieses neue Modell der Calatrava ist mit einem satinierten schwarzen Zifferblatt und mit Breguetzeigern ausgestattet. Eine kleine Sekunde befindet sich in exzentrischer Anordnung bei 4 Uhr.

Von einer Generation zur nächsten

Zeitlose Eleganz charakterisiert diese runde, 1932 entwickelte Armbanduhr. Sie entspricht ganz der Philosophie der Firmengründer aus Genf, Adrien Philippe und Antoine Norbert de Patek. Die Calatrava, deren Emblem ein Kreuz aus vier stilisierten Lilien ist, verdankt ihren Namen dem 1158 gegründeten spanischen Ritterorden. Die besonders kühnen Ritter des Calatrava-Ordens unterstützten im 15. Jahrhundert Ferdinand von Aragón und Isabella von Kastilien bei der Reconquista, der Rückeroberung der von den Mauren besetzten Iberischen Halbinsel. Das Calatrava-Kreuz, das für Strenge und Widerstand steht, hat seine Symbolkraft auch nach der Übernahme durch das Genfer Haus bewahrt. Die berühmte Referenz „3919" des Modells ist mit einem Werk Kaliber 215/45 mit Handaufzug versehen, hat 18 Rubine und arbeitet mit einer Frequenz von 28800 Halbschwingungen pro Stunde. Die Originalausführung von 1932 weist ein emailliertes Zifferblatt mit schwarzen römischen Ziffern auf. Ihre fein gearbeiteten Blattzeiger sind aus gebläutem Stahl. Bei 6 Uhr ist eine kleine Sekunde exzentrisch angeordnet. Das Zifferblatt des voll guillochierten Gehäuses aus Gelbgold mit Glasrand und gehämmertem Nagelmuster ist ohne Minuteneinteilung und enthält auch keine überflüssige Ziffer. Diese Zurückhaltung unterstützt die vornehme Ausstrahlung der Uhr, die schon immer begeisterte Anhänger fand. Sie wird von vielen bekannten Persönlichkeiten getragen, beispielsweise auch dem Couturier Paolo Zegna, der die Leidenschaft für diese Uhr von seinem Vater Emilio geerbt hat.

Dieses klassische Modell mit rundem Zifferblatt und gehämmertem Nagelmuster ist zu einem Inbegriff männlicher Eleganz geworden.

Den Komponisten Tschaikowsky, unsterblich geworden durch seine Sinfonien, Opern und Ballette („Schwanensee"), wurde eine Vorliebe für schöne Uhren nachgesagt.

Ein kleines Ritornell für einen großen Komponisten

Die Originalität dieses Modells liegt in der Anzeige von 0 bis 24 und in der Dreifarbigkeit der Anzeige – Schwarz und Rot für die Stunden, Blau für die Minuten.

Peter Tschaikowsky, ein musikalisches Genie mit Vorliebe für Nostalgie und lebhafte Rhythmen, war einer der bedeutendsten russische Komponisten des 19. Jahrhunderts. Seine Werke erfreuen sich noch heute weltweiter Beliebtheit. Jeder von uns weiß eine seiner Sinfonien (z.B. die „Pathetique") oder Bühnenwerke (z.B. den „Schwanensee") zu nennen. Während der Arbeiten an seiner Sinfonie Nr. 4 in den Jahren 1877/78 unternahm der Komponist mehrere Reisen in die Schweiz, nach Italien und auch nach Wien.

Dieses prächtige Modell von Patek Philippe (Referenz-Nr. 47665) hat Tschaikowsky wahrscheinlich bei einer seiner Reisen in das Land der Uhrmacher erworben. Diesen kleinen Luxus durfte er sich dank seiner vertrauten Brieffreundin, Frau von Meck, leisten, die ihn jahrelang auch finanziell unterstützte. Das Originalmodell mit Repetitionswerk im Viertelstundentakt ist eine schwere goldene Taschenuhr im Louis-Quinze-Stil. Wird der Auslöser bei 9 Uhr betätigt, dann schlägt das Hammerwerk die Stunden an, die seit der letzten zwölften Stunde vergangenen sind, danach die Viertelstunden. So erfährt man die Uhrzeit, ohne beispielsweise den Blick vom Notenblatt wenden zu müssen.

Auch auf dem emaillierten Zifferblatt lässt sich eine seltene Anordnung ausmachen: Die Anzeige der ersten 12 Stunden in schwarzen römischen Ziffern wird auf einem Innenkreis darunter mit einer Anzeige der 13. bis 24. Stunde in roten arabischen Ziffern fortgesetzt. Auf einem Außenkreis über den römischen Ziffern befindet sich die Minutenanzeige in blauen arabischen Ziffern. Diese Uhr mit dreifarbiger Anzeige weist darüber hinaus bei 6 Uhr eine kleine Sekunde auf. Stunden- und Minutenzeiger dieser Uhr sind besonders fein gearbeitet und dürften dem Geschmack unseres berühmten Besitzers voll entsprochen haben. Die Taschenuhr mit 18 Linien verfügt über eine Kompensationsunruh.

Ein wahres Monstrum

Die Calibre 89 war nicht der erste Versuch von Patek Philippe mit Komplikationen. Bereits 1927 verließ eine Uhr mit Schlagwerk die Ateliers am Grand Quai in Genf. Sie war von dem amerikanischen Unternehmer James W. Packard in Auftrag gegeben worden. Dank eines ausgeklügelten Zylinders ließ diese Uhr die komplette Melodie aus einer Oper von Benjamin Godard erklingen.

Die zum 150-jährigen Bestehen der Firma Patek Philippe angefertigte Calibre 89 darf sich rühmen, die komplizierteste Taschenuhr der Welt zu sein, ein bis heute unerreichter Weltrekord. Nicht weniger als 33 Komplikationen sind in ihrem Rundgehäuse aus Gold mit einem Durchmesser von 88 Millimeter und der Dicke von 41,07 mm untergebracht. Die 1728 Einzelteile dieses Meisterwerks der Uhrmacherkunst funktionstüchtig zu machen erforderte viele Jahre Forschungs- und Entwicklungsarbeit.

Die Calibre 89 verfügt über zwei Hauptzifferblätter. Auf dem ersten befindet sich die Stundenanzeige mit aufgesetzten, großen arabischen Ziffern auf Emailgrund sowie die Minutenanzeige auf einer konzentrischen Schiene. Die Breguetzeiger sind aus gebläutem Stahl. Sofort lässt sich die Zeit einer anderen Zeitzone mithilfe eines zweiten Stundenzeigers ablesen. Die beiden längsten Zeiger dienen der Zeitanzeige des Chronographen mit Schleppzeiger-Mechanismus; sie werden mit einem in die Aufzugskrone integrierten Drücker in Gang gesetzt. Bei der Rattrapantenfunktion trennen sich die beiden Schleppzeiger, damit Zwischenzeiten gestoppt werden können. Die Zähler der Chronographenfunktion befinden sich in Hilfszifferblättern bei 9, 6 und 3 Uhr. Ein zusätzlicher Zeiger zeigt in einem Sektor zwischen 10 und 2 Uhr den Tag des Monats an. Direkt darunter werden in einem Doppelfenster das laufende Jahr und das nächste Schaltjahr angegeben. Zwei weitere Fenster zwischen 8 und 9 Uhr bzw. 3 und 4 Uhr dienen zur aktuellen Wochen- und Monatsanzeige. Der ewige Kalender der Uhr muss vor dem 28. Jahrhundert nicht neu eingestellt werden. Auf dem bei 6 Uhr angebrachten Hilfszifferblatt werden Mondphase und Temperatur angezeigt.

Ein kleiner Zeiger bei 12 Uhr zwischen dem Sektor des Monattags und dem Jahresfenster erlaubt das Einstellen des Schlagwerks, von dem es bei diesem Modell zwei Typen gibt. Das große Schlagwerk schlägt die Stunden, dann die Viertelstunden auf einem Glockenspiel mit vier Tönen an. Dabei ändert sich die Tonfolge jede Viertelstunde. Das kleine Schlagwerk schlägt nur die abgelaufenen Viertelstunden an. Darüber hinaus ist die Calibre 89 mit einer Mi-

Nach fünf Jahren weiterer Arbeit erhält 1933 ein zweiter amerikanischer Sammler, Henry Graves Junior, die Taschenuhr mit 24 Komplikationen. Die Graves behauptete ihren Ruf als komplizierteste Uhr, bis sie im Jahre 1989 von der Calibre 89 übertrumpft wurde.

Nicht weniger als 24 Zeiger, 9 Zifferblätter und 12 Hilfszifferblätter sowie Skalen mit insgesamt 1728 Einzelteilen sind für die 33 Funktionen der Calibre 89 erforderlich.

nutenrepetition ausgestattet. Sie wird mithilfe des Schiebers bei 6 Uhr betätigt und bewirkt im Viertelstundentakt das Anschlagen der vergangenen Stunden, Viertel und Minuten. Eine besondere Vorrichtung hält jeden Schlag vor Ablauf der Gangreserve automatisch an. Die Hilfszifferblätter bei 9 und 3 Uhr zeigen in ihrer Mitte die Gangreserve für das Schlagwerk und das Uhrwerk. Beide können mit der Aufzugskrone dank eines Systems mit zwei Federhäusern gemeinsam gespannt werden. Auf der Rückseite der Calibre 89 bewegen wir uns von der Erde aus in den Weltraum und damit zur Anzeige der astronomischen Zeitangabe, die mit arabischen Ziffern von 1 bis 24 erfolgt. Eine Zeitmessung dieser Art drückt sich in Sterntagen, -stunden, -minuten und -sekunden aus, wobei eine Sternsekunde 0,9972696 Sonnensekunden beträgt. Die Komplikation der Uhr besteht darin, dass die beiden Zeiten kontinuierlich umgerechnet werden. Dabei sind die Sternsekunden auf dem kleinen Zifferblatt bei 6 Uhr angezeigt. Auf diesem Zifferblatt befindet sich darüber hinaus die Zeitgleichung, die die Differenz zwischen der wahren und der mittleren Sonnenzeit angibt. Die Abweichungen können –17 bis +17 Minuten betragen. Ferner geben Hilfszifferblätter bei 8 und 16 Uhr die Zeiten von Sonnenuntergang und Sonnenaufgang an. Auf konzentrischen Kreisen um die Hauptachse des Zifferblatts werden auch die Jahreszeiten, Sternzeichen, Sonnenwenden, Tagundnachtgleichen und Monate angezeigt. Damit sich der Zeiger dieses astronomischen Kalenders besser von den anderen Zeigern unterscheidet, endet er in einem kleinen Stern. Eine der schwierigsten Komplikationen besteht in der außerdem noch gebotenen Angabe der beweglichen Osterfeiertage. Bewundernswert ist die Karte des Sternenhimmels (von Genf aus betrachtet). Sie befindet sich auf der Scheibe leicht oberhalb der Mittelachse des Zifferblatts. Hier bewegen sich in Abhängigkeit zur Drehung der Erde fast 2800 Sterne. Nicht unerwähnt bleiben soll die letzte Komplikation der Uhr – das Tourbillon. Bei alldem handelt es sich um eine wirklich einmalige, kaum glaubhafte Ansammlung von Komplikationen – untergebracht in einem Gehäuse von immerhin stolzen 1,1 Kilogramm Gewicht.

Ein elegantes U-Boot

Die technische Besonderheit der Nautilus liegt in einer Dichtung zwischen Lünette und Boden; die beiden Bauteile werden mit vier Schrauben fest zusammengedrückt. Dieser Konstruktion verdankt die Uhr auch ihre besondere Form.

Die Nautilus mit ihrer ungewöhnlichen Form und einem Zifferblatt, das weder rund noch eckig ist, sowie mit einem Gehäusemittelteil in Form eines liegenden Tonneau, kann bald auf fünfundzwanzig Jahre des Erfolgs zurückblicken – ein Erfolg, den sie ihrem schlichten Charme und ihren Qualitätsstandards verdankt, aber auch einer spektakulären Tauchtiefe bis 120 Meter. Um dieses Ziel zu erreichen, hatten die Uhrmacher von Patek Philippe dieses Modell nach dem Vorbild eines Bullauges entworfen. Eine Dichtung umschließt das Uhrwerk zwischen Gehäusemittelteil und Lünette. Beide Bauteile werden dabei mithilfe von vier seitlichen Schrauben fest zusammengedrückt. So erklären sich die ungewöhnlichen Vorsprünge an den Seiten der Lünette, die nicht nur eine ästhetische Komponente sind. Das hier abgebildete Modell verfügt über ein Gehäuse aus Gelbgold mit abgerundeten Kanten. Die Oberfläche der Lünette ist satiniert. Das schwarze Zifferblatt weist einen Index aus römischen Ziffern in Gelbgold auf; die spindelförmigen Zeiger sind tritiumbeschichtet. In einem rechteckigen Fenster bei 3 Uhr wird das Datum angezeigt. Das Uhrwerk zeichnet sich durch das Kaliber 330 SC mit automatischem Aufzug und 30 Rubinen aus. Die goldene Schwungmasse wird nur in eine Richtung aufgezogen, ihre Unruh arbeitet mit einer Frequenz von 21 600 Halbschwingungen pro Stunde. Die Gangreserve beträgt 48 Stunden. Wie alle Uhrwerke von Patek Philippe ist auch das Werk der Nautilus mit dem Genfer Siegel, dem berühmten Qualitätsstempel, versehen.

Ein sportliches Modell aus Gold, das die klassische Handschrift des Genfer Meisters bewahrt. Sie wurde 1976 eingeführt und gehörte zu den ersten Armbanduhren, die eine Tauchtiefe von 120 Metern erlaubten.

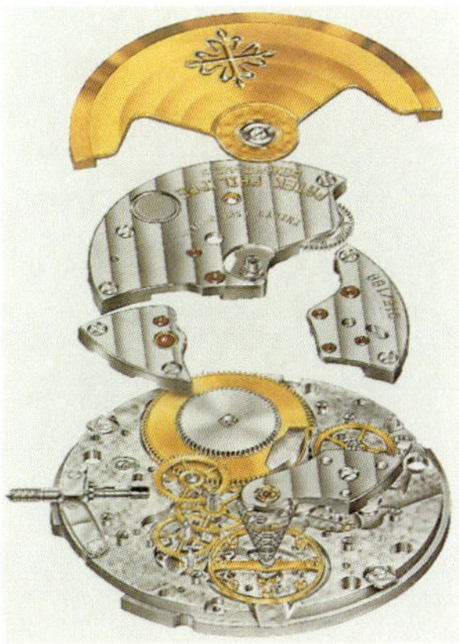

Explosionsansicht des Uhrwerks Kaliber 315 SQA. Nach einer Anpassung an den 1. März kann das Uhrwerk von selbst feststellen, welche Monate dreißig und welche einunddreißig Tage haben.

Ein toller Zusatz

Klare und weiche Linien für den Jahreskalender: das neue Meisterstück aus dem Hause Patek Philippe.

Beständiges Streben nach Innovationen und Qualität scheinen für die Uhrmacher der legendären Manufaktur von Plan-les-Ouates untrennbar miteinander verbunden zu sein. Im Jahre 1996 erhielten sie zum wiederholten Male für eine einfache, aber höchst nützliche Erfindung die Auszeichnung „Armbanduhr des Jahres". Sie galt dem Jahreskalender Quantième annuel 5035. Der innovative Mechanismus dieser Uhr macht es möglich, bestimmte Vorteile des gewöhnlichen Kalenders mit denen des ewigen Kalenders zu verbinden. Unter Letzterem ist in diesem Falle eine Tagesanzeige zu verstehen, die den Unterschied zwischen den Monaten mit 30 und denen mit 31 Tagen zu berücksichtigen versteht. Auch hat die Quantième annuel die Schaltjahre berücksichtigt. Sie muss erst im Jahre 2100 neu eingestellt werden. Wie der ewige Kalender unterscheidet der Jahreskalender die Monate mit dreißig und einunddreißig Tagen. Er muss aber für den 1. März von Hand eingestellt werden. Diese Einstellung erfolgt mithilfe des bei 4 Uhr befindlichen Drückers. Der Jahreskalender kommt mit wenigen Räderwerken aus (die vom Uhrwerk unabhängig arbeiten), statt mit den komplexen Sperrkegeln, Exzentern und Wippen des ewigen Kalenders ausgerüstet zu sein. Das Datum wird in einem rechteckigen Fenster bei 6 Uhr angezeigt, und zwar mit schwarzen arabischen Ziffern von 1 bis 31. Auf den Hilfszifferblättern bei 9 und 6 Uhr finden wir die Anzeige des Tages und des Monats. Das Hauptzifferblatt verfügt über aufgesetzte römische Ziffern. Die 5035 ist mit einem Kaliber 315 SQA mit automatischem Aufzug ausgestattet und verfügt über 35 Rubine. Die Uhr ist aus 316 Einzelteilen zusammengesetzt; ihre Unruh arbeitet mit 21 000 Halbschwingungen pro Stunde, die Gangreserve beträgt 48 Stunden. Die Schalthebel des Kalenders befinden sich im Mittelteil des Goldgehäuses, wo sie geschickt verteilt sind. Die ganze Armbanduhr hat eine Dicke von lediglich 5,22 mm.

Wohlverdiente Geburtstagskerzen

Um die Kerzen zum 150. Firmenjubiläum leuchten zu lassen, konnte sich das Haus von Plan-les-Ouates erneut auszeichnen – mit einem Modell von höchstem technischen Niveau. Vier Jahre haben die Uhrmacher von Patek Philippe an der Entwicklung einer neuen automatischen Armbanduhr gearbeitet. Diese vereint in sich drei Komplikationen: eine Minutenrepetition, den ewigen Kalender und die Mondphasenanzeige. Die Minutenrepetition, eine Erfindung des 18. Jahrhunderts, bietet eine akustische Zeitanzeige nach Art eines Glockengeläuts. Da es die Leuchtzeiger zu jener Zeit noch nicht gab, tat der Repetitionsmechanismus besonders nachts seine guten Dienste. So konnten unsere Vorfahren mittels eines Drückers Hämmerchen aktivieren, die gegen Tonfedern schlugen und so die Stunden erklingen ließen, die seit der letzten zwölften Stunde vergangen waren, dann die Viertelstunden und Minuten. Die Minutenrepetition, seither ein besonderer Nachweis uhrmacherischen Könnens, erfreut ihre Liebhaber noch immer. Mit größtem Vergnügen können sie heute den Drücker der 3974 bei 9 Uhr betätigen und vernehmen so den tiefen Anschlag der Stunden – dong, dong ..., die höheren Doppelanschläge der Viertelstunden – dong, ding, dong, ding ... und schließlich die hohen Anschläge der seit dem letzten Viertel abgelaufenen Minuten – ding, ding ... Angesichts des beschränkten Raums, der für diesen Mechanismus zur Verfügung stand (Durchmesser: 28 mm; Dicke: 6,8 mm), ist die 3974 ein Meisterwerk der Uhrmacherkunst.

Vier Jahre Forschung und ein Jahr Umsetzung der Ergebnisse waren erforderlich, um dieses Jubiläumsmodell mit drei Komplikationen auf den Markt bringen zu können.

Möchte der Träger der 3974 die Uhrzeit auf herkömmliche Weise erfahren, kann er auf das mit Dauphine-

In den Ateliers von Patek Philippe verbinden sich Tradition und die für die Zukunft eines renommierten Hauses unabdingbare technische Modernität.

zeigern versehene silberartige Opalzifferblatt mit einem Index aus handgearbeiteten und polierten Goldplättchen blicken. Neben dem Hauptindex zeigen drei Hilfszifferblätter (bei 9, 3 und 6 Uhr) den Wochentag und die 24 Stunden, den Monat und den Jahreszyklus, schließlich den Tag und die Mondphasen an. Selbstverständlich stellt sich das Datum Ende Februar automatisch auf den 1. März um, ohne dass es einer besonderen manuellen Anpassung bedarf. In dem runden Goldgehäuse mit sorgfältig abgerundeten Anglierungen findet die 3974 gut Platz. Sie hat ein Uhrwerk mit automatischem Aufzug, Kaliber R 27 Q mit 39 Rubinen. Die Unruh arbeitet mit 21 600 Halbschwingungen pro Stunde. Der Gehäuseboden kann auf Wunsch mit Saphirglas versehen werden, was die Feinmechanik des Uhrwerks einsehbar macht, insbesondere den voll guillochierten Minirotor aus 22-karätigem Gold. Er zieht den Mechanismus mithilfe der Bewegungen des Handgelenks auf.

Perfektes Gleichgewicht in der Tradition der großen Genfer Marke. Wie die meisten Modelle des Hauses erhielt auch die 3974 das berühmte Genfer Siegel.

Sinn für das Klassische

Dieses nur 2 mm dicke mechanische Uhrwerk mit automatischem Aufzug ist eine Meisterleistung der Uhrmacherkunst.

Bei Betrachtung dieses klassischen Modells hat man das Gefühl, dass es den Uhrmachern der Manufaktur von La Côte-aux-Fées gelungen ist, die Armbanduhr von allem überflüssigen Ballast zu befreien und sich auf das Wesentliche zu beschränken. Diese klassische Reinheit wurde mit äußerster Finesse erreicht. Dafür steht vor allem ein Mann – Valentin Piaget, der Gründerenkel der Firma. 1956 entwickelte er unter der Typenbezeichnung 9P ein mechanisches Uhrwerk mit automatischem Aufzug, das einen Durchmesser von 20,5 mm aufwies. Es handelte sich dabei um eine Innovation, die bei Piaget am Anfang eines lang anhaltenden Erfolgs auf dem Gebiet der extra flachen Armbanduhren stand. Hervorzuheben ist in diesem Zusammenhang das Uhrwerk 12P aus dem Jahre 1959, das mit nur 2,3 mm Dicke damals weltweit flachste, schließlich das Uhrwerk 25P aus dem Jahre 1983, das den Rekord mit einem Uhrwerk von 2 mm brach. Eine vielversprechende Weiterentwicklung des Uhrwerks 9P ist das mit dem Kaliber 9P2. Dieses extra flache Modell besticht sowohl durch die Sorgfalt in der Verarbeitung als auch durch seine Gesamtdicke von weniger als 4 mm. Das runde Gehäuse dieser Uhr weist ein facettiertes, sorgfältig poliertes Mittelteil auf, wobei die „hörnerartigen" Bandanstöße die Silhouette des Gehäuses mit seiner perfekten Kreisform noch akzentuieren. Auf dem weißen, emaillierten Zifferblatt sind die römischen Ziffern des Stundenindex in Laufrichtung der goldenen Zeiger geneigt, was der Gesamterscheinung der Uhr zusätzlich eine gewisse Dynamik verleiht.

Dieses Modell hatte eine neue Etappe der Bemühungen von Piaget um ultraflache Feinmechanik eingeleitet, ohne dabei Konzessionen an die klassische Eleganz zu machen, die das Haus kennzeichnet.

Der Saphirboden gewährt Einblick in die Mechanik dieses Ausnahmemodells. Die Abbildung rechts zeigt eine Schmuck-version. Das Gehäuse ist mit zahlreichen Diamanten besetzt.

Kathedrale in Taschenformat

Ein rundes Gehäuse mit sorgfältig abgerundeten Anglierungen als Heimstätte für einen extrem komplexen Tonmechanismus, der diesem Modell die Funktionen des großen und kleinen Schlagwerks und der Minutenrepetition verleiht.

Mit diesem Modell ist es den Könnern des Hauses Piaget erneut gelungen, ein Meisterwerk zu schaffen. Es reiht sich ein in die Familie der Uhren, die sich durch eine Komplikation mit Schlagwerk auszeichnen. Einst im Postkutschenzeitalter war es den Reisenden nachts kaum möglich, in einer Kutsche die Uhrzeit abzulesen. Um Abhilfe zu schaffen, kam die Idee auf, Hämmerchen in den Mechanismus der Uhr zu integrieren, die wie eine Kirchenglocke akustisch die Zeit anschlagen konnten. Nach der Entwicklung von Uhren mit Leuchtziffern und -zeigern war diese Komplikation zwar überflüssig geworden, aber noch immer gehört sie zu den großen Herausforderungen renommierter Uhrmacher. Die Grande Sonnerie von Piaget ist in dieser Hinsicht überaus bemerkenswert. Die Uhrmacher von Piaget, keineswegs schon zufrieden mit dem Einbau der klassischen Mechanik der Minutenrepetition in eine Armbanduhr mit Schlagwerk, haben dieses Modell mit zwei zusätzlichen Positionen ausgestattet, einem kleinen und einem großen Schlagwerk. Das kleine Schlagwerk erzeugt einen tiefen Ton für die Stunden, einen hohen und anschließend einen tiefen Ton für die Viertelstunden. Das großen Schlagwerk fügt bei jeder verstrichenen Viertelstunde mit tiefem Ton noch die akustische Anzeige der Stunden hinzu; das heißt, wenn die Zeiger 2 Uhr 30 erreichen, schlägt es zweimal „dong" für die Stunden und zweimal „ding-dong" für die Viertelstunden. Als zusätzliche Raffinesse wurden die Hämmerchen des Schlagwerks auf der Oberseite des Werks angeordnet und sind auf dem Zifferblatt in einem Sektor bei 10 Uhr sichtbar. Neben diesem kleinen Miniaturorchester befindet sich bei 2 Uhr eine Anzeige der Gangreserve, bei 6 Uhr eine kleine Sekunde. Die römischen Ziffern des Index sind auf einem schlicht gehaltenen emaillierten, mattweißen Untergrund angebracht. Ausgerüstet ist die Grande Sonnerie mit einem Kaliber mit 13 Linien. Ihre Dicke beträgt 6,8 mm.

Der Kennedymythos

Ein Modell aus den 1960er-Jahren. Es gehörte zu den ersten Armbanduhren mit einem Zifferblatt aus hartem Halbedelstein.

Diese extra flache Armbanduhr mit Jadezifferblatt versinnbildlicht den Geist der 1960er-Jahre, zu dessen Protagonisten Yves Piaget gehörte. Die Uhr wurde von Jacqueline („Jacky") Kennedy getragen, der Gattin des 1963 ermordeten US-Präsidenten. Das hübsche Stück erzielte 1996 bei Sotheby & Co in London den Rekordpreis von fast 55 000 Dollar – ein Beweis dafür, dass der Kennedy-Mythos auch in der heutigen Generation noch lebendig ist. Das ovale Gehäuse ist mit 24 Diamanten verziert. Vier Smaragde dienen als Index für die Viertel. Eine technische Innovation stellt ihre sieben Zehntelmillimeter dicke Jadeplatte dar. Sie gibt dem Zifferblatt Härte und Widerstandskraft (und der Mechanik hinter der Platte Schutz). Zifferblätter aus hartem Stein wurden im Jahre 1964 eingeführt. Als Material kamen neben Jade auch Lapislazuli, Malachit, Tigerauge, Opal und Türkis in Frage. Diese hauchdünnen Einzelstücke aus Stein haben den Vorteil, Unikate zu sein – denn jeder Stein unterscheidet sich in seiner Oberflächenstruktur vom anderen. Ihre technische Ausführung war nur dank des Fortschritts von Piaget auf dem Gebiet der extra flachen Uhrwerke möglich, insbesondere des Kalibers 9P. Dieses Kaliber, dessen Tolerenz bei der Montage der Einzelteile lediglich hundertstel Millimeter beträgt, bleibt für die mechanischen Uhrwerke bis heute eine Referenz, obwohl es streng genommen vom Kaliber 12P entthront wurde. Die andere Besonderheit der hier vorgestellten Armbanduhr besteht darin, dass ihr goldenes Gliederarmband einem aus Gewebe stark ähnelt. Dieses Armband wird aus einer Serie von ovalen Ringen hergestellt, deren Werkstück ein gedrehter und abgeflachter langer Golddraht ist.

Die Ringe werden anschließend in sehr feine Stifte aus Gold eingesetzt, teilweise eingehakt, teilweise gelötet. Bei der Montage wird das Material mit einem Brenner auf einem Holzzylinder geweicht, was dem Armband die erforderliche Flexibilität gibt. Der letzte Arbeitsgang besteht in gründlichem Polieren von Hand, was dem Armband den unnachahmlichen Seidenglanz verleiht.

Ein massives, mit 572 Saphiren besetztes Armband in der Tradition hoher Juwelierskunst.

Ein Funkeln von tausend Sternen

Unter einem kostbaren, mit Diamanten besetzten Gewölbedeckel tut sich ein mit Trapezdiamanten und Saphiren besetztes Zifferblatt auf.

Piagets Stolz ist die Herstellung von Uhren der hohen Juwelierskunst – ein Sortiment, das nicht seinesgleichen hat. Die Preise für solche Einzelstücke können in die Millionen gehen. Die Auftraggeber der erlesenen Schmuckuhren von Piaget sind Privatkunden, Staatschefs, Schauspieler ... Hergestellt werden diese Uhren im geheimen Refugium des vom Mutterhaus in Genf eingerichteten Ateliers Prodor. Jede Woche wird kiloweise Gold in dieses an ein klinisch reines Labor erinnernde Atelier angeliefert, sei es in Form von Barren für die Gehäuse oder von langen Drähten für die Armbänder. Ist die Arbeit an einem Rohgehäuse abgeschlossen, härtet man es bei 700 °C, um dem Metall endgültig seine Eigenschaften zu geben, auch um zu verhindern, dass später mikroskopisch kleine Risse entstehen. Anschließend kommen die Goldschmiede, Graveure, Emaillierer und schließlich die Juweliere zum Zuge. Durch deren Hände gehen jedes Jahr fast 7000 Karat an Edelsteinen. Jeder Arbeitsschritt ist wegen der gebotenen Präzision außerordentlich langwierig. Beispielsweise muss die Fassung für die Steine absolut fest sein, damit diese sich später nicht vom Gehäuse lösen können. Langwierig ist die Produktionszeit auch deshalb, weil es viel Zeit beanspruchen kann, auch tatsächlich alle Steine für die Form- und Farbgebung zu bekommen.

Bei dem hier abgebildeten Modell handelt es sich um eine Damenarmbanduhr mit abgedecktem Zifferblatt. Die Uhr ist mit 572 Saphiren besetzt, ferner mit Diamanten. Diese Bestückung geht bis auf das Jahr 1894 zurück, als die erste Armbanduhr des Hauses in einem 10-Dollar-Stück hergestellt wurde. Nach dem Öffnen des Deckels der Blue Passion tut sich eine funkelnde Welt aus Diamanten und Saphiren auf. Im Zentrum befinden sich die 16 Trapezdiamanten des Zifferblatts. Dieses feinmechanische Kleinod mit dem Uhrwerk 6N verfügt insgesamt über ein Diamantgewicht von 43,34 Karat. Das Saphirgewicht beträgt 93,77 Karat.

Die Fortsetzung der Odyssee

Die futuristische Linie für ein Gehäuse mit weichen Formen und einem Zentraldrücker – als Hommage an eines der ersten Modelle der Serie.

Bei der Vorbereitung des Films *2001: Odyssee im Weltraum* (1968) waren Stanley Kubrick und Arthur Clarke auf der Suche nach einer futuristischen Armbanduhr für das 21. Jahrhundert. Sie wandten sich an die Techniker der Uhrenfabrik Hamilton, die damals die Pulsar LED (=Light Emitting Diode) entwickelten. Diese Uhr war eine bedeutende Innovation, handelte es sich doch um die erste Armbanduhr mit kompletter Digitalanzeige. Die kleinen roten Ziffern, die beim Betätigen eines Drückers aufleuchteten, zogen bald eine ganze Generation in ihren Bann. Als 1970 die ersten 400 Armbanduhren auf den Markt kamen, waren sie in drei Tagen ausverkauft. Doch bald wurden die Karten im Wettbewerb um Marktanteile neu gemischt. Das hing auch mit dem Aufkommen der komfortableren neuen Digitalanzeige LCD (=Liquid Cristal Display) zusammen. Nach Übernahme des Unternehmens durch die Schweizer Holding SSIH – aber ganz in der Tradition von Hamilton, zuverlässige Armbanduhren in futuristischem Design anzubieten – wurde unter der Bezeichnung Spoon eine neue Serie eingeführt. Das besondere Merkmal dieser in zahlreichen Versionen hergestellten Spoon ist ihr auffällig großer Drücker auf der Vorderseite des Zifferblatts. Mit ihm lässt sich im Dunkeln die Leuchtanzeige einschalten. Im Inneren des eleganten Gehäuses mit weichen Formen nutzen integrierte Schaltungen die Quarztechnologie für die Anzeige der Chronometer-, Timer- und Alarmfunktionen. Die Zeitanzeige kann im 24-Stunden- oder im 12-Stunden-Modus abgerufen werden. Für die erste Hälfte des 24-Stunden-Tags gilt die internationale Abkürzung AM, für die zweite Hälfte die Abkürzung PM.

Als Präsident Gorbatschow 1990 den Friedensnobelpreis erhielt, trug er eine Cricket, die seit Harry S. Truman zur „Pflichtausstattung" der amerikanischen Präsidenten gehörte. Man sieht: Der Kalte Krieg war vorbei.

Eine „bionische" Armbanduhr

Seit ihrer Einführung kurz nach Ende des Zweiten Weltkriegs sollte die Cricket mit ihrem außergewöhnlichen Klang zahlreiche Persönlichkeiten in ihren Bann ziehen.

Wie lässt sich eine Uhr zum Klingeln bringen, wenn sie nur ein kleines Gehäuse zur Verfügung hat? Das war für die Uhrmacher der Schweizer Firma Revue Thommen nach Ende des Zweiten Weltkriegs eine Frage von wesentlicher Bedeutung. Sie suchten nach einer Lösung für eine Armbanduhr mit dem Läutewerk für einen Wecker. Eine kleine Grille wies schließlich den Weg. Die Natur hat ihr ein gehöriges Tonvolumen mitgegeben, und dies ganz unverhältnismäßig zu ihrer bescheidenen Größe! Reibt die Grille ihre Vorderbeine aneinander, entstehen Schwingungen, die in einem Resonanzkörper am Hinterleib zu wahrnehmbaren Tönen verstärkt werden. Die Übertragung dieser „natürlichen Tonfabrik" auf die Uhrmacherei beruhte auf dem Prinzip eines doppelten Hohlraums – eine Baukomponente, die in das Gehäuse integriert wurde. Schlägt im inneren Hohlraum das Hämmerchen die Tonfeder an, entsteht ein Klang, der sich im äußeren Hohlraum verstärkt und von dort über eine Reihe von Löchern nach außen gelangt. Ditisheim, der Erfinder der kleinen Cricket, musste den Armbandwecker nur noch einem breiten Publikum bekannt machen. Er beschloss, einen großen Coup zu landen und dem Präsidenten der Vereinigten Staaten, Harrry S. Truman, eines seiner Modelle zu schenken. Kleiner Aufwand, große Wirkung – Truman war begeistert und zeigte sich überall mit seiner Cricket, die auch noch das Handgelenk späterer amerikanischer Präsidenten zierte: Eisenhower, Johnson und Bush trugen sie regelmäßig, Kennedy, Nixon, Ford, Carter und Clinton konnten sich indes wenig mit ihr anfreunden. Auf der anderen Seite des Eisernen Vorhangs trat sie in die Dienste des in den 1980er-Jahren zweitmächtigsten Mannes der Welt – Michail Gorbatschow. Bei Entgegennahme des Friedensnobelpreises 1990 trug er eine Cricket.

Die mit einem Goldgehäuse und Doppelaufzug versehene Cricket war ursprünglich mit 17 Rubinen ausgestattet und verfügte über ein mechanisches Uhrwerk mit Handaufzug, das mit 18 000 Halbschwingungen pro Stunde arbeitete. Heute bietet Thommen Versionen der Cricket mit einem Design an, das dem Geschmack der Zeit angepasst ist. Dabei wird der Wecker auf einem konzentrischen Index mit 10er-Skala eingestellt. Der Drücker befindet sich bei 2 Uhr.

Ständige Leistung

Modell aus 18-karätigem Gold. Ein ähnliches Modell trug Mercedes Gleitze am Handgelenk, als sie 1927 den Ärmelkanal durchschwamm.

Der Siegeszug der Armbanduhr im 20. Jahrhundert ist untrennbar mit dem legendären Gründer von Rolex, Hans Wilsdorf, verbunden. Der gebürtige Bayer ließ sich nach einem kurzen Aufenthalt in London im Schweizer La-Chaux-de-Fonds nieder. 1926 meldete er zwei Patente an, die ihn bald unentbehrlich machten. Beide bezogen sich auf das Modell mit der englischen Bezeichnung Oyster (Auster) – eine Anspielung auf das Vermögen dieses Schalentieres, seine Muschel hermetisch abzuschließen und so dem Wasserdruck standhalten zu können. Wilsdorfs Patentanmeldung war Ausdruck des damaligen Bemühens der Branche, Armbanduhren wasserdicht zu machen und ihnen damit ein besonderes Gütesiegel zu verleihen. Die Wasserdichtheit wurde bei der Oyster mittels einer in das Gehäuse eingesetzten Dichtung und eines Gewinderohrs erreicht, in das auch die Spindel der Aufzugskrone verschraubt wurde. Zu diesen technischen Neuerungen der Oyster gesellte sich ein modernes Design – dunkle, beherrschende arabische Ziffern auf hellem Emailboden, ein Zeigerpaar mit ausgesparten Blättern und eine kleine Sekunde bei 6 Uhr. Von ihrem Gehäuse mit gerundeten Ecken gut geschützt, war die Oyster nun bereit, den Unbilden des Meeres zu trotzen. Wenige Monate nach ihrer Einführung konnte sie erstmals die Aufmerksamkeit auf sich lenken, als eine gewisse Mercedes Gleitze, damals Sekretärin in einem Londoner Büro, mit dieser Armbanduhr am Handgelenk den Ärmelkanal durchschwamm – Anforderungen der besonderen Art für die Uhr und ein erster Ruhmestitel. Immerhin war die Uhr 15 Stunden dem Element Wasser ausgesetzt und hatte dies schadlos überstanden. Einige Jahre später landeten die Uhrmacher von Rolex erneut einen großen Coup: Sie übernahmen das von Abraham-Louis Perrelet im 18. Jahrhundert erfundene und von Abraham-Louis Breguet für seine wunderbaren Taschenuhren perfektionierte System des automatischen

Die Version Submariner aus Stahl (1970er-Jahre). Diese bis 200 m wasserdichte Uhr verfügt über eine in beiden Richtungen drehbare Lünette. Die verschraubte Aufzugskrone ist geschützt.

Aufzugs. Zwei Uhrwerke mit automatischem Aufzug waren um 1920 erstmals in Armbanduhren eingesetzt worden, eines von dem englischen Uhrmacher Harwood, das andere von der Pariser Firma Leroy & Cie. Doch erreichten diese nicht die Wirksamkeit des von Wilsdorf entwickelten halbmondförmigen Rotors, der in beide Richtungen schwingt. So wurde die Oyster nun zur „Perpetuelle" (Abk. für *mouvement perpétuel* – automatisches Uhrwerk). Allerdings war die Automatik darauf angewiesen, dass die Armbewegungen ihres Trägers der Schwungmasse von Zeit zu Zeit die erforderliche Energie gaben. Die Oyster setzte ihre Karriere in zahlreichen Modellen fort. Eines der berühmtesten war ohne Zweifel die 1938 eingeführte Bubbleback, zu erkennen an der Kugelform ihres von oben abschraubbaren Gehäuses.

Modell aus dem 1940er-Jahren mit goldplattiertem Gehäuse und genietetem Armband – eine Uhr von eleganter Ausstrahlung.

Lust auf Wettbewerb

Die Daytona, ein massiver Chronograph, hält Erinnerungen an die Epoche der großen Autorennen wach, lässt insbesondere an die berühmte gleichnamige Rennstrecke in Florida denken.

Das laute Dröhnen der Motoren auf der Rennstrecke von Daytona (Florida) hat die Erben von Hans Wilsdorf, Gründervater der Rolex-Uhren, beim Entwurf dieses prächtigen Chronographen inspiriert. Die Rolex Cosmograph Daytona hatte die Herzen der amerikanischen Automobilrennfahrer seit ihrem Erscheinen auf dem Markt im Jahre 1961 höher schlagen lassen, übrigens noch bevor der Schauspieler Paul Newman zum Botschafter der Marke wurde. Von Anfang an war die Dytona als Zweidrückerchronograph mit drei Hilfszifferblättern zur Anzeige der Minuten, Stunden und Sekunden konzipiert worden. Diese Hilfszifferblätter befinden sich bei bei 3, 6 und 9 Uhr. Das Modell sollte in den Jahrzehnten seiner Karriere zahlreiche Varianten erleben. Aber seine unabdingbaren Eigenschaften, wie z. B. die in die Lünette gravierte Tachymeterskala oder seine Stabzeiger, hat es bewahrt. Unter der Kennnummer R72 blieb die Daytona in all den Jahren ein von Rolex modifiziertes Valjoux-Modell mit 13 Linien. Die hier abgebildete Uhr gehört zur Serie „Paul Newman". Sie erschien Ende der 1960er-Jahre. Der sehr nüchterne weiße Boden des Zifferblatts hebt sich gefällig von den schwarzen Anzeigefeldern der Hilfszifferblätter ab. Unter dem Logo der Firma Rolex (bei 12 Uhr) steht die Angabe „Rolex Cosmograph" (in Mattgold) und „Daytona" (in Rot). Die Stabzeiger für Minuten und Stunden sowie der Pfeilzeiger für die Sekunden laufen auf einer konzentrischen Schiene, deren Markierungen eine vorzügliche Ablesbarkeit garantieren. Das Armband besteht aus gefalztem Metall und hebt sich so deutlich von den heutigen Modellen mit ihren massiven Metallgliedern ab. Mit dem Drücker bei 2 Uhr lässt sich die Chronographenfunktion aktivieren und anhalten, während die Nullstellung mit dem bei 4 Uhr befindlichen Drücker erfolgt. Das legendäre Modell Daytona erlebt seit 1988 seine zweite Jugend, mit dem modifizierten Uhrwerk El Primero von Movado und Zénith.

Seiko Astron 3500

Die Quarz-revolution

Die Astron 3500, ein Modell von klassischem Aussehen und mit einem Goldgehäuse in Tonneauform. Unter ihrem Zifferblatt tat sich die bahnbrechende Quarz-Technik auf, die die Welt der Uhrmacherkunst revolutionär veränderte.

Als Seiko 1969 die Astron auf den Markt brachte, hatte es schon lange zuvor verschiedene Bemühungen zur Nutzung elektrischer Energie für Armbanduhren gegeben. Doch alle Prototypen kämpften mit denselben Problemen der Zuverlässigkeit, die mal auf Interferenzen beruhten, mal auf mangelhaften Batterien. Bereits 1927 begann Warren A. Marrison in Kanada mit Versuchen, die präzisen Schwingungen des Quarzes den Uhrwerken zunutze zu machen. Für diese Versuche war u.a. starker Stromfluss erforderlich.

Die Miniaturisierung des Quarzwerks kam aus Japan. Allerdings war dieser Fortschritt nur dank der Innovationen auf dem Feld des Schrittschaltmotors, der integrierten Schaltungen und der miniaturisierten Batterien möglich. Das Funktionsprinzip der Astron (und ihrer Nachfolgemodelle) erklärt sich nun wie folgt: Eine Miniaturbatterie von 1,5 Volt gibt ihre Energie an einen Quarzkristall ab, der mit einer Frequenz von 8 192 Hz zu schwingen beginnt. Da diese Schwingung aber zu stark ist, um direkt auf den Motor übertragen zu werden, wird sie von einer integrierten Schaltung reduziert und reguliert. Das Resultat des Vorgangs ist ein Impuls, der jede Sekunde an einen Schrittschaltmotor weitergegeben wird. Dieser Kleinmotor, eine Erfindung aus dem Jahre 1935, rotiert nicht kontinuierlich, sondern in diskreten „Schritten“, was ihm seinen Namen gab. Bei der ersten Version behielt die Astron bewusst ein sehr klassisches Design bei – mit rundem Tonneaugehäuse aus Gold und einem Index mit aufgesetzten Baguetten und Stabzeigern.

Wenn der Mensch zur Batterie wird

Eine maskuline Kinetic mit klassischem Design zwischen Tradition und Modernität. Diese Uhr vereint alles Wesentliche der Serie.

Weiter auf die Quarztechnik setzend, die Seiko in den 1970er-Jahren auf Erfolgskurs brachte, hat das Unternehmen kürzlich das besonders gewagte Konzept einer Quarzarmbanduhr umgesetzt, bei der der Mensch die Rolle der Batterie übernimmt. Um dieses kleine Wunderwerk herzustellen, wurden bei der Kinetic die Prinzipien ihrer mechanischen Vorfahren mit automatischem Aufzug übernommen und aktualisiert. Die Kinetic ist mit einer Schwungmasse ausgestattet, welche durch die Armbewegung ihres Trägers in Bewegung gesetzt wird. Nahezu hundertfach wird die Rotationsgeschwindigkeit der Schwungmasse über ein komplexes Räderwerk vervielfacht. Dabei überträgt sich die gesamte Energie auf einen (an einen Generator angeschlossenen) Rotor mit 100 000 Umdrehungen pro Minute. Der Strom wird in einem Kondensator gespeichert, bevor er an den Quarzkristall, dann an die Zeiger des Uhrwerks abgegeben wird. Die letzte Etappe übernimmt ein Schrittschaltmotor; er wandelt die regelmäßigen Impulse des Quarzes für den Antrieb der Zeiger auf dem Zifferblatt in mechanische Energie um.

So konnten eine Reihe feinmechanischer Probleme gelöst werden. Das Kinetic-Modell ist außerdem umweltschonend, da keine Batterien mehr benötigt werden. Andererseits sind die ewigen Probleme der Dichtheit gelöst, die sich bei klassischen Armbanduhren stellen. In einem vertieften Sektor von 12 bis 6 Uhr ist die Kinetic mit einer Anzeige der Gangreserve versehen. Durch einfaches Betätigen des Drückers bei 2 Uhr zeigt der Sekundenzeiger die noch verbleibende Zeit an. Diejenigen, die ihre Armbanduhr regelmäßig tragen, brauchen sich um das Aufziehen keine Sorgen zu machen, weil das Werk schon durch

Die futuristisch anmutende Kinetic Arctura des Designers Jörg Hysek. Die Uhr besticht durch ihre weichen, schlichten Formen und ihre positive Ausstrahlung. Dieses Design wurde durch ein neues Stahlgussverfahren möglich.

wenige Armbewegungen für mehrere Stunden aufgezogen wird. Ein paar Minuten des Frühsports reichen aus, um die Uhr für fast 12 Stunden „aufzuziehen“.

Dieses technische Meisterwerk hat natürlich seinen Preis. Im Verlaufe der zwei Jahrzehnte in Anspruch nehmenden Entwicklungsarbeit für diese Uhr wurden mehr als fünfzig Patente angemeldet. Kein Aufwand war gescheut worden. Man engagierte auch das große Schweizer Designer-Talent Jörg Hysek. Er verlieh der Kinetic die schönen weichen Linien. Für die perfekte Formgebung wurde sogar ein neues Stahlgussverfahren entwickelt, bei dem Metallpulver in eine Gussform gegeben und unter Hitzeeinwirkung geschmolzen wird. Diese Technik erlaubt eine perfektere Formgebung und vermeidet rauhe Oberflächen, was insbesondere den Drückern und ihren Fassungen zugute kam. Das Gehäuse der Kinetic besteht aus einem Oberteil und einem Unterteil. Hier ist allerdings der klassische Boden konventioneller Uhren nicht mehr erforderlich. Jegliche Unterbrechung der Linien des Gehäuses konnte vermieden werden. Auch das Armband der hier abgebildeten Kinetic Arctura ist ein bemerkenswertes Produkt moderner Spitzentechnologie. Das Armband bietet für den Träger der Uhr höchsten Komfort. Es ist u. a. durch die Lücken zwischen den einzelnen Gliedern atmungsaktiv, dazu leicht und robust durch eine spezielle Legierung seines Materials aus rostfreiem Edelstahl und Polyurethan. Die Arctura ist mit diesem Armband garantiert druckbeständig bis 10 bar (optional bis 5 bar mit Silikonarmband in bunten Farben). Die Uhr hat viele Freunde gewinnen können; unter ihnen befindet sich auch der Kubaner Francisco „Pipin“ Ferreras, der am 10. März 1996 vor der mexikanischen Küste einen neuen Weltrekord im Tieftauchen aufstellte. Ohne Sauerstoffausrüstung erreichte er eine Tiefe von 130 Meter. Dabei war er ganze 2 Minuten und 11 Sekunden unter Wasser.

Ein Meisterwerk – ständig erneuert

Dieser Hersteller war von Anfang an ein Avangardist und Verfechter von Originalität. Swatch konnte sein Sortiment schnell ausbauen, bietet allerdings auch Modelle an, die die Funktionen der großen mechanischen Klassiker aufgreifen. Dazu gehört auch diese Skin, ein Chronograph mit zwei Drückern.

Als die ersten elektronischen Armbanduhren auf den Markt kamen, war die Zahl derer, die sie ablehnten, groß. Niemand mochte diesen „ordinären Uhren" ohne das beruhigende Ticken, das die mechanischen Werke auszeichnet, gute Zukunftsaussichten voraussagen. Doch bereits in den 1970er-Jahren begann der Siegeszug dieser Uhren mit Quarzwerk. Sie waren preiswert und darum auch populär. Zunächst beherrschten japanische Hersteller den Markt. Sie hielten auch den Rekord für die mit 2,5 mm Dicke flachste Armbanduhr der Welt. Damals befand sich die Schweizer Uhrenindustrie in einer schweren Krise. Aber mit dem phänomenalen Erfolg der Swatch-Uhren konnte diese Krise überwunden werden. Die Swatch, ein Produkt des Rohwerkeproduzenten ETA aus Grenchen in der Schweiz, geht auf das mit 1,95 mm extra flache Modell Delirium zurück, das 1979 als Antwort auf die japanische Herausforderung hergestellt worden war. Wenig später, im Jahre 1983, erblickte ein Modell das Licht der Welt, das die Beliebtheit der Delirium noch überbieten sollte. Es hatte ein stark vereinfachtes Quarzwerk, war aus Kunststoff, hatte einen Gehäuseboden, der gleichzeitig als Platine diente, und trug den Namen „Swatch" (Kunstwort aus „Swiss Watch"). Der Mechanismus wurde von oben eingesetzt und durch das zuletzt montierte Glas geschützt. Das Auswechseln der Batterie erfolgte dabei direkt von der Gehäuserückseite aus. Trotz vieler Einsparungen beim Material, bei der Verarbeitung und der Montage erhielt diese neue Uhr das berühmte Qualitätssiegel „Swiss Made".

Der Erfolg auf dem Markt stellte sich sofort ein. Denn die Uhr war preiswert und zeichnete sich schnell durch eine große Vielfalt des Designs aus. Dazu bediente sich der Hersteller der Dienste vieler kreativer Persönlichkeiten wie zum Beispiel Keith Harring, Kiki Picasso, dann Mimmo Paladino, Vivienne Westwood, Brian Eno, Jean-Charles de Castelbajac. Von Anbeginn an wurde die Swatch mit Auszeichnungen und Ehrungen überhäuft. Für den Bau eines 162 Meter hohen Modells vor dem Sitz der Commerzbank in Frankfurt gelang der Uhr 1984 ein Eintrag ist das *Guinness Buch der Rekorde.* Schon

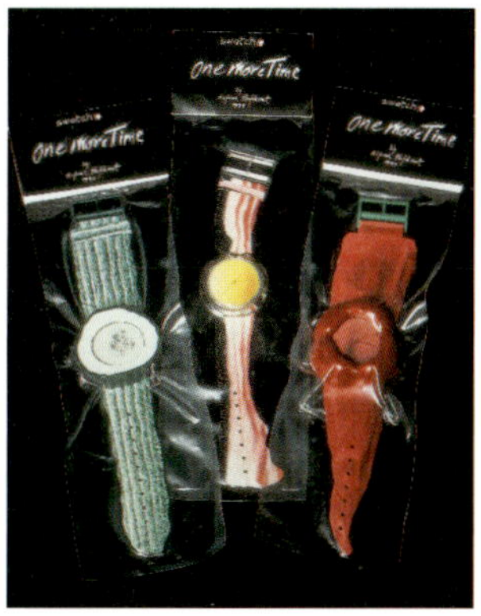

Drei Uhren der humorvollen Serie der Swatchetables. Sie fand ihre Anhänger auf allen Kontinenten.

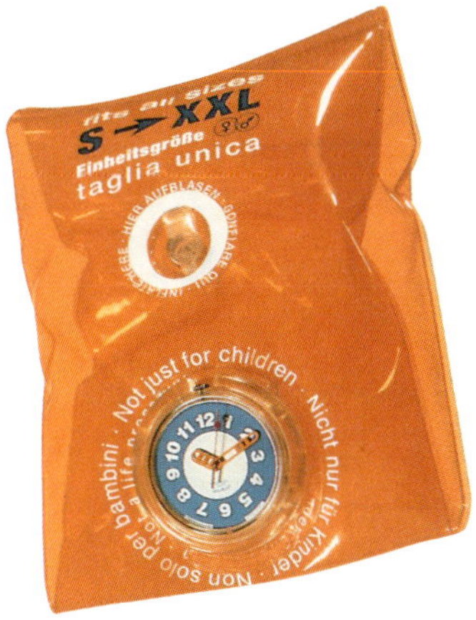

Die Swatch-Armbanduhr in einer Armbinde – für das Baby, das auf sich hält, und andere.

Hier ist die Skin in ein Stirnband integriert – die wohl originellste Art, eine Armbanduhr zu tragen. Zur besonderen Tradition des Hauses gehört eine PR-Professionalität der Extraklasse.

Eine skelettierte Version der Skin, die durch Eleganz besticht. Sie gehört zu den neuesten Kreationen des Herstellers.

1986 findet bei Sotheby in London die erste Auktion von Swatch-Sammlerstücken statt. Bereits zwei Jahre nach Markteinführung der Marke waren 50 Millionen Exemplare verkauft (1996: 200 Mio.). Bei den Olympischen Sommerspielen von Atlanta (1996) erreichte die Marke den Status eines offiziellen Zeitmessers. Im Jahr darauf verblüffte der Hersteller den Markt mit einer noch dünneren Swatch, der mit einer Gehäusedicke von 3,9 mm flachsten Kunststoffarmbanduhr. Sie erhielt den Namen „Skin". Trotz dieser beachtlichen Leistung musste sich das Unternehmen von den charakteristischen Qualitätsmerkmalen der Swatch-Uhren keineswegs verabschieden. Auch die Skin zeichnete sich fortan durch Unempfindlichkeit gegen Stöße und Magnetfelder sowie eine Gehäusedichte bis 30 Meter Tiefe aus.

Eine solche technische Meisterleistung war nur möglich, weil den Ingenieuren von ETA auf dem Gebiet der Materialbeschaffenheit und der Klebstoffe mehrere bahnbrechende Neuentwicklungen gelungen waren. Mit Hilfe des Stroms einer Silberoxidbatterie erreicht der Quarz dieser Uhr eine Frequenz von 32 768 Schwingungen pro Sekunde. Die Impulse werden alle 20 Sekunden an den Schrittschaltmotor (siehe S. 109) übertragen. Er treibt das Räderwerk der Stunden- und Minutenzeiger an. Die Skin wird mit der bei 3 Uhr befindlichen Krone eingestellt. Das hier gezeigte skelettierte Modell besticht durch seine Transparenz, die sich mit einem besonderen Kunststoffarmband auf ganz eigene Weise fortsetzt. Ihr pänomenales Minimalgewicht von lediglich 12,3 g bewirkt, dass der Träger der Uhr nicht selten meint, seinen treuen Begleiter vergessen zu haben.

Einer der letzten Dinosaurier

Aufgrund ihrer außergewöhnlichen Form, ihres quadratischen Gehäuses mit leicht abgerundeten Kanten, gehört die Monaco zu den beliebtesten Sammlerstücken. Lange war diese Uhr auf allen Rennstrecken der Welt zu Hause. Vor kurzem hat sich der Schweizer Hersteller dafür entschieden, eine Neuauflage der Monaco auf den Markt zu bringen. Diese Uhr kommt dem Esprit des Originals sehr nahe.

Dieses außergewöhnliche quadratische Modell mit wasserdichtem Gehäuse war das erste seiner Art, das patentiert wurde. Die Monaco von TAG-Heuer zeichnet sich auch durch ihre Mechanik und ihre ganz und gar ungewöhnliche Geschichte aus. Hier war eine gewagte Synthese zwischen Chronograph und Uhrwerk mit automatischem Aufzug gelungen – gewagt deshalb, weil das Unterfangen dieser Synthese es erforderlich machte, den zur Verfügung stehenden Platz neu zu ordnen. Untergebracht werden müssen einerseits die Räder, Federn etc. für die Funktionen des Chronographen, andererseits alle Komponenten der Schwungmasse.

So bedurfte es einer Struktur, die die überkommenen Bauprinzipien aufgab. Lange blieb die Frage der Raumanordnung unter diesen Voraussetzungen den Uhrmachern ein Rätsel. Doch am Ende kamen drei renommierte Vertreter der Branche, Heuer, Breitling und Hamilton-Büren überein, die Herausforderung gemeinsam anzunehmen.

Nach Lösung der zahlreichen technischen Probleme stellten die Unternehmen ihr Ergebnis der Fachwelt gleichzeitig vor, im Hotel Continental in Genf und im Copter Club des Pan-Am-Buildings in New York. Es war der 3. März 1969.

Man hatte das inzwischen legendäre Chronomatikkaliber 11 mit einem miniaturisierten Rotor von 31 mm Durchmesser und 7,7 mm Höhe bei 36 000 Halbschwingungen pro Stunde geschaffen. Damit waren erhebliche Fortschritte für die Anordnung der Brücken erzielt worden, und es gelang die Zusammenführung der Funktionen eines extravaganten Chronographen mit denen eines komfortablen automatischen Aufzugs. Für dieses Meisterwerk waren mehr als vier Jahre entbehrungsreicher Entwicklungsarbeit und

Der amerikanische Schauspieler Steve McQueen hatte großen Anteil am Erfolg der Monaco, die er in dem Film „Le Mans“ stolz am Handgelenk trug.

Eines der ersten Modelle der Monaco mit Stahlarmband. Sofort ins Auge fällt die Aufzugskrone, die aufgrund der Vorgaben des automatischen Uhrwerks an der linken Seite angeordnet ist.

die Investition von 500 000 Schweizer Franken erforderlich. Jedes der beteiligten Unternehmen setzte diesen neuen Mechanismus für seine eigenen Modelle ein; TAG-Heuer verfuhr so mit der Autavia, der Carrera und der Monaco. Letztere ist mit ihrem quadratischen Gehäuse aus gebürstetem Edelstahl mit leicht gewölbten seitlichen Facetten ohne Zweifel das avantgardistischste Modell. Das gewölbte Plexiglas über dem Zifferblatt schützt das klar strukturierte und elegant wirkende Zifferblatt. Die vorzüglich ablesbare Anzeige der Sekunden und Zehntelsekunden passt sich der quadratischen Form des Gehäuses gut an und verstärkt den Eindruck der Robustheit. Die Krone zum Einstellen von Uhrzeit und Datum befindet sich an der linken Seite des Gehäuses. Eine konstante Präzision der Anzeige gewährleistet der ewige Kalender, auch für die Schaltjahre. Die Drücker zum Aktivieren, zum Anhalten und für die Nullstellung (koordiniert durch ein Kolonnenrad) bleiben an der rechten Gehäuseseite. Sie ermöglichen die Messung von Zehntelsekunden. Das Modell der ersten Serie trug die Aufschrift „Chronomatic“; später wurde sie durch „Automatic Chronograph“ ersetzt. Die Herstellung der Monaco stellte man 1979 ein, weil die Quarzuhrwerke eine zu starke Konkurrenz waren. Bei Sammlern bleibt die Uhr indes begehrt und gilt als einer der letzten Repräsentantinnen des goldenen Zeitalters mechanischer Uhren.

Der Fotograf Herb Ritts realisierte anlässlich der Einführung des Modells Kirium eine Serie von Sportlerporträts, hier mit dem britischen Leichtathleten Colin Jackson.

Königin aus Titan

Das Material der Kirium ist Titan 5; diese Verbindung wurde zuerst in der Spitzentechnologie eingesetzt, z. B. für den Flugzeugbau. Dieser Werkstoff ist extrem widerstandsfähig und leicht. Er wiegt etwa 50 % weniger als Stahl.

Kreativität und Wettbewerb waren stets eng mit den Geschicken des Unternehmens Heuer (seit 1985 TAG-Heuer) verbunden. Unter den sportlichen Präzisionsuhren nimmt die Schweizer Manufaktur mit ihrem Modell Kirium erneut eine Sonderstellung ein. Das aus einem Titanblock geschnittene weich und schmiegsam geformte Gehäuse weist eine teils polierte, teils satinierte Oberfläche auf und ist mit einem Titanarmband versehen, das sich dem Handgelenk gut anpasst und angenehm auf der Haut liegt. Das Armband besteht aus drei Bandgliederreihen von elegantem Aussehen. Krone und Gehäuseboden der Uhr sind verschraubt. Der Hersteller garantiert eine Gehäusedichte bis zu 200 Meter Tiefe. Taucher schätzen ihre (in eine Richtung drehbare) Lünette mit den massiven Ziffern und abgerundeten Aussparungen. So ist die Uhr unter Wasser leicht zu bedienen. Von Vorteil mag auch das extrem schlicht gehaltene Zifferblatt sein. Es wird von einem gewölbten, innen antireflexbeschichteten Saphirglas geschützt. Auf dem flachen Boden des Zifferblatts werden die Stunden mithilfe von runden Plättchen angedeutet. Die Zeiger für die Stunden- bzw. Minutenanzeige sind durch Länge und Form deutlich voneinander zu unterscheiden. Mit Leuchtfarbe beschichtet, unterstützen sie die gute Ablesbarkeit der Uhr. In einem bei 4 Uhr befindlichen Fenster wird das Datum angezeigt.

Die Kirium birgt unter ihrer schlichten Fassade das bemerkenswerte Kaliber ETA 2892 mit automatischem Aufzug und 21 Rubinen. Das Werk arbeitet mit 28 800 Halbschwingungen pro Stunde und verfügt über eine Gangreserve von 42 Stunden. Die Uhr hat das Chronometerzertifikat der schweizerischen COSC (=Contrôle Officiel Suisse des Chronomètres) erhalten. Es bescheinigt den einwandfreien Lauf des Uhrwerks, das sich dafür besonders anspruchsvollen Tests über 15 Tage und Nächte unterziehen musste. Die Kirium ist eine nahezu perfekte Verkörperung der Devise ihres Urhebers. Sie besagt, man solle die Technik eines Werks erahnen können, aber sie dürfe nicht sichtbar sein.

Plakat der Panamericana, des berühmten Langstreckenrennens für Automobile. Die neun Etappen erstreckten sich über eine Distanz von 3 500 km.

Die Panamericana

Ein von den Armaturenbrettern der Rennwagen inspiriertes Design. Zur leichteren Bedienung beim Tragen von Handschuhen sind Drücker und Aufzugskrone größer als bei anderen Uhren dieses Formats.

Jack Heuer wird seine Leidenschaft für Armbanduhren zweifellos von seinem Vater Edouard, dem Sohn des Firmengründers, geerbt haben. Doch seine Begeisterung für den Automobilrennsport ist persönlicher Natur, für das Unternehmen allerdings nicht minder wichtig. Als er Ende der 1950er-Jahre u.a. am 24-Stunden-Rennen von Le Mans teilnahm, lauschte er staunend den Erzählungen zweier junger mexikanischer Rennfahrer, der Gebrüder Rodriguez, die an der „Carrera Panamericana Mexico“ teilgenommen hatten.

Die Panamericana galt damals als eines der gefürchtetsten Rennen des Automobilsports überhaupt. 3 500 Kilometer Hölle, so sagte man, verteilt auf neun Etappen. Das letzte Teilstück des Rennens bis an die Grenze von Guatemala war noch nicht einmal geteert. Nach seiner Rückkehr in die Schweiz fertigte der junge Heuer, der damals keine Möglichkeit sah, an dem Rennen als Aktiver oder auch nur als Zuschauer teilzunehmen, ein ganz auf die Bedürfnisse der Rennfahrer ausgelegtes Modell an. So kam nach langer Entwicklungsarbeit die Geburtsstunde der Carrera. Sie wurde im Jahre 1963 eingeführt und sollte dem Unternehmen bis in die 1980er-Jahre anhaltenden Erfolg bescheren. Danach wurde sie in einer dem Original nachgebildeten Version neu aufgelegt. Was den Charme der Carrera ausmachte und ihren Erfolg garantierte, war vor allem die sachliche Nüchternheit, die sie ausstrahlte und die viele in ihren Bann zog. Dazu gesellte sich eine bewundernswerte Ausgewogenheit ihres Zifferblatts. Die Stunden der Carrera wurden mit rechteckigen Plättchen markiert. Die einzigen Ziffern des Hauptzifferblatts zeigen Dezimalwerte in hundertstel Minuten an – eine besonders praktische Neuerung für die Addition der Zwischenzeiten. Die drei Hilfszifferblätter für die Stunden, die Minuten und die Sekunden sind reliefartig ausgeführt, was durch ihre Umrandungen betont wird, die für räumliche Tiefe sorgen und die Ablesbarkeit optimieren.

Ein angemaßter Titel

Die kyrillischen Schriftzeichen auf dem Gehäusedeckel dieser Taschenuhr dürften die Ursache für ein Missverständnis sein – manche rechnen die Uhr noch heute dem russischen Zaren zu.

Hinter dem Deckel tut sich ein elegantes guillochiertes Zifferblatt mit ausdrucksstarken arabischen Ziffern in Schwarz auf. Sie dienen zur Anzeige für die Stunden. Eine kleine Sekunde befindet sich bei 6 Uhr.

Hier prangen majestätisch ineinander verschlungene kyrillische Buchstaben auf einer goldenen Savonnette. Ein schwarz unterlegtes Schriftband, ebenfalls in kyrillischer Schrift, verstärkt den majestätischen Eindruck noch zusätzlich. Dieses prachtvolle Stück, das als so genannte Zarenuhr in die Geschichte eingehen sollte, stammt keinesfalls aus dem Besitz der russsischen Zarenfamilie. Tatsächlich wurde diese Uhr für einen kaiserlich-russischen Gardeoffizier gefertigt. Ein rascher Blick auf die sehr elegante Gravierung des Innendeckels gab vermutlich Anlass zu dem Missverständnis. Dort steht geschrieben (hier nicht zu sehen): *„L. M. Lilpop in Warschau, Hoflieferant seiner Majestät des Zaren"*. Warschau war damals russisch, und Lilpop einer der Händler des Unternehmens Tissot. Dort bestellte genannter Gardeoffizier dieses Modell 1904; erst später erfuhr es seine irreführende Zuordnung. Richtig ist auch, dass Charles Tissot, ein Enkel des Firmengründers, Reisender aus Passion gewesen ist und diese Leidenschaft ihn immer wieder nach Russland führte. Mit einem Dreigespann durchquerte er das Riesenreich, weil ihm nur wenige Zugverbindungen zur Verfügung standen. Charles entwickelte eine regelrechte Leidenschaft für Russland. Sie brachte ihn sogar dazu, eine junge Russin zu heiraten und sich mit ihr in Moskau niederzulassen.

In Kenntnis dieser historischen Details mag sich der Uhrenliebhaber nun ganz der Eleganz dieser Uhr hingeben. Die Stunden werden in arabischen Ziffern angezeigt, die Minuten auf einer konzentrischen Schiene. Bei 6 Uhr befindet sich eine kleine, exzentrisch angeordnete Sekunde. Das Kaliber mit 19 Linien ist ein Neusilberbrückenwerk mit 17 Rubinen.

Diese Kunststoffarmbanduhr war überaus ideenreich und machte ihrem Namen alle Ehre. Doch weil mit dem Aufkommen der Quarzuhren einige technische Probleme moderner Uhren eleganter gelöst wurden, konnte sich die Idea 2001 nicht durchsetzen.

Vorläufer der Swatch

Woodstock, Schlaghosen, moderne Möbel und ein Hauch von Freiheit – ein Feuerwerk des Neuen belebte seit Ende der 1960er-Jahre die westlichen Industrieländer. Die Aufbruchstimmung jener Jahre machte auch vor der Uhrmacherbranche nicht Halt. Damals trat der junge Edouard-Louis, Spross der Familie Tissot aus Le Locle im Schweizer Jura, in das Unternehmen seiner Familie ein. Er hatte eine Ausbildung als Elektroingenieur absolviert. Ausgestattet auch mit guten Kenntnissen über moderne Werkstoffe, insbesondere der Kunststoffe und ihrer Eigenschaften, entschloss er sich zum Engagement für ein ehrgeiziges Forschungsprogramm. Die Ziele waren hoch gesteckt – es ging um die Herstellung und Lauffähigkeit bestimmter Räderwerke aus diesem Material, um so die jedem Uhrmacher wohlbekannten ewigen Probleme der Schmierung zu lösen. Tissots Forschungsteam packte schließlich ein noch ehrgeizigeres Projekt an. Es hatte sich nämlich erwiesen, dass der durch das mechanische Uhrwerk und die Metallteile auf die Lager ausgeübte Druck zu groß ist. Folglich zielte nun alles auf die Herstellung einer Armbanduhr, deren Werk ganz aus Kunststoff gefertigt sein sollte.

So wurden die Uhrwerke Sytal und Astrolon entwickelt und in ein Tonneaugehäuse aus Glasfaser eingebaut. Das war die Geburtsstunde der Idea 2001. Das transparente Zifferblatt gibt den Blick auf die „geheimnisvollen" Räder aus weißem Kunststoff frei. Nur ganz wenige Teile, z. B. Rotor oder Aufzug, sind bei dieser Uhr noch aus Metall. Der Stundenindex dieser Uhr befindet sich auf einem vertieft angeordneten versilberten Kreisband mit arabischen Ziffern und steht so in eigenwilligem Kontrast zum futuristischen Design der Idea. Vielleicht war bei diesem Konventionalismus die Absicht im Spiel, die Skepsis der Händler ein wenig auszuräumen. In deren Augen konnte eine Armbanduhr aus Kunststoff kein seriöses Produkt sein. Die Idea 2001 hätte einen größeren Markterfolg verdient gehabt. Doch die Quarzuhren, die nun aufkamen, ließen der Uhr fortan keinen Entfaltungsspielraum.

Hommage an Galilei

Der 1564 geborene Physiker und Astronom Galileo Galilei gehört zu den Begründern der modernen Mechanik. Wir verdanken ihm u. a. die Ableitung der Fallgesetze, aber auch ganz praktische Neuerungen, z. B. den Einsatz des Fernrohrs in der Astronomie. Das Fernrohr ermöglichte ihm das Studium der Planeten.

Astrolabien sind Messinstrumente zur Bestimmung der Position von Sonne, Mond und Sternen. Sie waren in der ein oder anderen Form schon in der Antike bekannt, wurden aber seit dem 17. Jahrhundert nach und nach durch das Teleskop ersetzt. Das weltweit einzigartige (und aus diesem Grund im Jahre 1988 in das *Guinness Buch der Rekorde* aufgenommene) Uhrenmodell Astrolabium greift die Eigenschaften des Jahrtausende alten Messgeräts nun auf. Wo auch immer auf dem Globus sich der stolze Besitzer dieses Modells aufhält, er kann seine Position in Bezug auf Sonne, Mond und Sterne unabhängig von der Uhrzeit und den Wetterverhältnissen jederzeit bestimmen. Die Realisierung dieses Meisterwerks der Uhrmacherkunst, das in 144000 Jahren nicht mehr als einen Tag nachgehen dürfte, beruht auf einer neuen mathematischen Theorie.

Damit alle Angaben der Astrolabium abgelesen werden können, drehen sich fünf Zeiger um eine Achse. Der Drachenzeiger dreht sich mit der gleichen Geschwindigkeit wie alle anderen, unternimmt jedoch alle 18611 Jahre eine zusätzliche Umdrehung. Er gibt vor allem die kosmischen Ereignisse der Sonnenfinsternis an, wenn seine Arme mit den Zeigern für Mond und Sonne ausgerichtet sind. Der Sonnenzeiger macht alle 24 Stunden eine Umdrehung, der Mondzeiger alle 24 Stunden und 49 Minuten. Ihre Angaben erfolgen durch Kreuzung ihrer Enden mit dem Sternzeichenkreis. Die letzten beiden Zeiger übernehmen die Stunden- und Minutenindikation.

Die Lünette dieser Uhr ist mit einer doppelten Skala versehen: Sie enthält römische Ziffern bis 12 Uhr für die Normalzeit und arabische Ziffern bis 24 Uhr für die Sonnenzeit oder eine Ortszeit. Auf dem Gehäuseboden des Astrolabiums ist ein Gitternetz ausgebreitet, wobei die Horizontlinie den grausilbernen sichtbaren Teil des Himmels von den dunkelgrauen Zonen des hinter der Erde verborgenen Firmaments trennt. Wenn die Spitze des Sonnenzeigers oder des Mondzeigers in dem oberhalb der Horizontlinie befindlichen Bereich stehen, bedeutet dies, dass Sonne oder Mond am Himmel stehen. Diese Messungen gelten für einen bestimmten Breitengrad; neue Messungen sind vorzunehmen, wenn der Träger der Uhr seinen Standort wechseln will. Ebenfalls auf dem Gehäuseboden angegeben sind die Himmelsrichtungen, der Wendekreis des Krebses, der Äquator, der Wendekreis des Steinbocks, die Azimuten von Mond und Sonne, die Höhenkreise und eine doppelte Linie für Morgengrauen und Abenddämmerung. Das Zifferblatt weist ferner einen in zwölf Segmente unterteilten Sternkreisring sowie einen Äquatorring mit Darstellung des Kalenders, d.h. der 12 Monate, auf. Doch werfen wir noch einen Blick auf die Hauptfunktionen dieser Miniaturmaschine mit dem Namen Astrolabium: Neben einschlägigen Funktionen zeigt die Uhr mithilfe des Sonnenzeigers und der arabischen Ziffern auf der Lünette die Sonnenzeit an, die je nach Längengrad von einem Ort zum anderen unterschiedlich ist. Zur Verdeutlichung sei ein Beispiel genannt: Wenn es nach der Normalzeit in Wien und Amsterdam 18 Uhr ist, beträgt die Sonnenzeit 17 Uhr 20 Minuten in Amsterdam, dagegen 18 Uhr 8 Minuten in Wien, denn beide Städte befinden sich nicht auf derselben geografischen Länge. Der Sonnenzeiger zeigt ferner Monat, Datum und Sternzeichen an. Die Angabe des Wochentags erfolgt in einem Fenster bei 6 Uhr.

Der stolze Träger dieses Astrolabiums, das weitaus mehr ist als eine Uhr, könnte seine Beobachtungen und Experimente nun mit der Bestimmung der Uhrzeit des Sonnenuntergangs und Sonnenaufgangs, des Auf- und Untergangs des Mondes, der Sichtbarkeit der wichtigsten Sterne am Himmel nach Einbruch der Nacht (auf einer gesonderten Glasscheibe eingraviert) sowie der Mondphasen fortsetzen. Noch vieles andere bietet die Astrolabium, deren Möglichkeiten sich mit der Beschreibung auf dieser Doppelseite keineswegs erschöpft haben.

Zur Vereinfachung der Einstellungen dieser Miniaturmaschine wird sie über einen einzigen Drücker mit drei Positionen bedient. Er befindet sich bei 3 Uhr.

Ein Märchen in Farbe

Detail der beiden Zifferblätter in Cloisonné-Email, die im runden Goldgehäuse der Uhr übereinander angeordnet sind.

Da alle Felder des Dessins in jeweils anderer Farbe erscheinen, sind sie sämtlich mit einem 0,7 mm dicken Goldsaum versehen worden, bevor sie mit einer Mischung aus Bleioxid und Quarzsand, der Basis für das Email, gefüllt wurden.

Die Handlung spielt in einem Urwald mit üppigen Blütenpflanzen und exotischen Bäumen. Im Vordergrund erkennen wir die Silhouette eines weißen Nashorns, während oben auf dem Felsvorsprung der Tiger einem Tukan auflauert, der sich noch in Sicherheit zu wähnen scheint. Unterhalb der Zentralachse ist ein Gewässer auszumachen, in dem kleine versilberte Fische ihr munteres Spiel treiben. Bei dieser Beschreibung ist nicht etwa von einer Aufführung des *Dschungelbuchs* die Rede, vielmehr richtet sich der Blick auf das prächtig kolorierte Zifferblatt einer Armbanduhr von Ulysse Nardin. Wird der bei 9 Uhr befindliche Schieber betätigt, belebt sich beim Schlag der Minutenrepetition die Szenerie. Diese Minutenrepetition gilt als eine der schwierigsten Komplikationen überhaupt. Sie ermöglicht die akustische „Zeitansage" mittels eines Systems von Hämmern und Stimmfedern. So werden die seit Mitternacht (oder 12 Uhr) vergangenen Stunden, Viertelstunden und Minuten angeschlagen. Hier bewegt sich beim Stundenklang zusätzlich noch die Pranke des Tigers. Erklingen die Viertelstunden, dann schlägt der Tukan mit seinen Flügeln, und der Tiger setzt seine Bewegung fort.

Beim Minutenschlag bleibt allein der Tukan in Bewegung. Dieser Mechanismus erscheint leicht wie ein Kinderspiel. Doch weit gefehlt! Erst war gehöriger Aufwand zu treiben, um die Pranke des Tigers und die Schwingen des Tukan zu beleben – auch den kleinen silbernen Fisch, der alle 30 Sekunden bei 9 Uhr erscheint. Es galt, den Mechanismus von zwei übereinander angeordneten Zifferblättern zu entwickeln.

Die üppigen Farben dieses Ensembles aus kleinen bewegten Bildern waren das Werk einer schwierigen Technik der Emailierung, bei der das Email flüssig aufgebracht wird (Email cloisonné).

Fortsetzung einer großen Tradition, jetzt dem Handgelenk kühner Seefahrer angepasst. Die kleine Sekunde bei 6 Uhr ist traditionell sehr groß geraten. Bei 12 Uhr befindet sich eine Anzeige der Gangreserve. Diese beträgt 50 Stunden.

Im Härtetest für 63 Tage

Zweifellos sind es eher die vielversprechenden geschäftlichen Aussichten der Marinechronometer gewesen als purer Idealismus, was das Unternehmen Ulysse Nardin dazu bewog, Uhren dieses Typs herzustellen und zu vermarkten. Mit einem Blick auf die schönen Berge, die die Stadt Le Locle im Schweizer Jura umgeben, hatte sich der dort ansässige Firmengründer nie zufrieden gegeben. Man sollte dabei betonen, dass gegen Ende des 19. Jahrhunderts der weltweite Güterverkehr hauptsächlich den Seewegen anvertraut war. Ein Chronometer, auf den man sich hundertprozentig verlassen konnte, hatte darum seine Bedeutung – anders gesagt: war nahezu unentbehrlich. Um sich eine Vorstellung von den bemerkenswerten Eigenschaften eines Marinechronometers zu machen, muss man sich vor Augen halten, dass schon der Fehler von einer Sekunde beim Ablesen der Zeit einen Fehler von 463 Metern bei der Bestimmung der Position am Äquator bewirkt. Härtesten Kriterien sind die Schweizer Uhrenhersteller unterworfen, wenn sie eine Uhr unter der Bezeichnung „Marinechronometer“ auf den Markt bringen möchten. Das Observatorium von Neuchâtel unterzieht jedes Modell dieser Art einem Härtetest von 63 Tagen, an denen es u. a. ständigen Temperaturschwankungen zwischen 4 und 36 °C ausgesetzt wird. Ein Marinechronometer muss außerdem über eine große Gangreserve verfügen, damit ein zu häufiges Aufziehen vermieden werden kann. Ein Meisterwerk dieser Art entwickelte vorzeiten Ulysse Nardin. Im Laufe seiner 150-jährigen Geschichte hat das Unternehmen die Seestreitkräfte von mindestens 50 Ländern mit dem bewährten Marinechronographen ausgerüstet. Zuvor war es üblich, diese Messinstrumente in schweren Gehäusen aus Akazienholz unterzubringen und mit einem großen Kaliber auszustatten.

Der Marinechronometer 1846, in seiner Ästhetik von den Vorgängermodellen inspiriert, ist mit einer kleinen Sekunde bei 6 Uhr (mit Datumsfenster) ausgestattet, die – der Tradition entsprechend – Übergröße aufweist. Die „1846“ hat eine Gangreserve von mehr als zwei Tagen und garantiert eine Gehäusedichte bis zu 200 m Tiefe.

Der treue Begleiter des Piloten

Die Aero-Compax verfügt über ein robustes Gehäuse und bietet viel Komfort, u. a. eine drehbare 24-Stunden-Lünette und einen Chronographen mit Tachymeterskala. Dieser Komfort macht aus der Uhr einen treuen Begleiter der Piloten im zivilen Luftverkehr.

Die Aero-Compax besticht durch ihre Eleganz, was nicht unwesentlich zum internationalen Renommee des Herstellers Universal Genéve beitrug. Die Uhren dieses Modells werden schon seit Anfang der 1940er-Jahre von vielen Piloten im zivilen Luftverkehr getragen. Das Modell gehörte zu den ersten Chronographen, die mit zwei Drückern ausgestattet waren, damit Zwischenzeiten gestoppt werden können, ohne dabei den Sekundenzeiger auf Null bringen zu müssen. Die Uhr bietet drei Hilfszifferblätter, und zwar für die Sekunden, Stunden und Minuten. Diese Anzeigen befinden sich bei 9, 6 und 3 Uhr. Das Modell verfügt noch über ein vom Chronographen und von der zentralen Stundenanzeige völlig unabhängiges viertes Zifferblatt. Es dient zur Anzeige von beliebigen Zeiten (z. B. des Starts oder der Landung), die mithilfe einer Krone eingestellt werden können. Diese Raffinesse wird im Allgemeinen sehr geschätzt, zumal die Aero-Compax auch eine Tachymeterskala besitzt. Sie ist konzentrisch angeordnet und befindet sich auf dem Gehäuseboden. Mit ihr lässt sich in km/h die Geschwindigkeit für eine zurückgelegte Wegstrecke von A nach B bestimmen. Das elfenbeinfarbene oder schwarze Zifferblatt der heutigen Aero-Compax ist gegenüber früheren Ausführungen vereinfacht worden. Auf diese Weise sollte die Ablesbarkeit verbessert werden. Das Gehäuse der Uhr besteht aus rostfreiem Edelstahl. Alle Anzeigen weisen arabische Ziffern auf.

Komplikation mit klaren Linien

Die Tradition der Uhren mit dem Mechanismus einer springenden Stunde geht bei diesem altehrwürdigen Unternehmen bis auf das Jahr 1825 zurück. Hier wird dieser Mechanismus von einem retrograden Anzeigesystem für die Minuten ergänzt.

Der Dauphinezeiger weist hier mit hoher Präzision auf die Minutenskala. Sie befindet sich über einem vertieften Sektor von 90°. Dabei folgt er der Richtung der guillochierten „Sonnenstrahlen", die der Achse des Zeigers zu entwachsen scheinen. Die blassfarbenen Minutenziffern fallen rund und massiv aus – eine sorgfältige Applikation aus der Hand eines Meisters bei Vacheron Constantin. Wenn der retrograde Zeiger am Ende seines Weges angekommen ist, gleitet er in schneller Bewegung über die Kartusche des Sektors auf Null zurück. Gleichzeitig „springt" die schwarze Ziffer der Stundenanzeige in dem bei 12 Uhr befindlichen trapezförmigen Fenster eine Stunde weiter. Dieses kleine Kunststück wird durch eine unter dem Zifferblatt angeordnete „springende Scheibe" ermöglicht. Auf ihr sind die zwölf Stunden des Tages verzeichnet. Die Saltarello ist mit dem extraflachen Werk 1120 HS ausgestattet. Sein fein ausgefräster und mit Genfer Streifen verzierter Rotor bleibt durch den transparenten Saphirglasboden gut sichtbar. Beide Seiten der Platine (nebst ihrer Vertiefung) wurden parallel perliert. Die Saltarello hat eine betont maskuline Ausstrahlung.

Ihr Gehäuse aus Weißgold ist quadratisch; seine Kanten sind abgeflacht und die Ecken sehr edel gerundet. Dieses elegante Modell verströmt einen Hauch von überlegener Raffinesse und Diskretion, ganz in der Tradition des Unternehmens, das bereits 1755 gegründet wurde. In jenem Jahr eröffnete der junge ehrgeizige Uhrmachermeister Jean-Marc Vacheron sein Genfer Atelier.

Hommage des Uhrmachers an den Geographen

Die Schifffahrt hatte vielen Handelskontoren niederländischer Seehäfen schon im Mittelalter zu einigem Wohlstand verholfen. Dennoch waren die Karten und Navigationsgeräte damals noch von bescheidenem Niveau. Aber angesichts wachsender Bedürfnisse auf dem Gebiet der Kartographie befassten sich mit anbrechender Neuzeit zahlreiche Gelehrte mit der schwierigen Frage, wie man die gekrümmte Erdoberfläche auf der planen Fläche einer Karte darstellen könne? Seit 1537 machte sich der gebürtige Flame Gerhard Mercator einen Namen als Kartograph. Er fertigte Globen an und schuf die ersten modernen Landkarten, u.a. eine Karte Palästinas (6 Blätter) und eine Europakarte (15 Blätter), was ihm die Anerkennung Kaiser Karls V. eintrug. In seine Karten trug er Linien ein, die er „Direktionen" nannte. Sie stellten die Routen dar, die die Seefahrer mit Hilfe einer Bussole einschlugen. Mit seiner „Weltkarte" aus dem Jahre 1569 führte Mercator die erste Projektion eines Globus auf eine plane Oberfläche aus.

Blick in das alte Atelier von Vacheron (1812). Zwecks besserer Lichtausbeute befand es sich in der Mansarde des Hauses.

Nach diesem Prinzip („Mercatorprojektion") arbeiten die Kartographen noch heute. Gerhard Mercator, Erfinder, Gelehrter und Lehrer in einer Person, zählte zu den bedeutendsten Persönlichkeiten seiner Zeit. Dieser Wegbereiter der modernen Wissenschaft starb am 2. Dezember 1594 in Duisburg. Um seines 400. Todestags zu gedenken, brachte Vacheron Constantin zwei limitierte Serien auf den Markt. Sie zeigen auf ihren Zifferblättern eine Nachbildung der Hemisphären aus dem Kartenwerk Mercators von 1587. Die beiden Serien wurden in Zusammenarbeit mit den beiden renommierten Emailleuren Lucie und Jean Genbrugge entwickelt. Für die eine Serie wandten die Emailleure die so genannte Grubenschmelztechnik an. Bei diesem Verfahren wurden aus dem Zifferblatt entlang der Konturen kleine „Gruben" ausgearbeitet, die später verschiedene Emailschichten aufnahmen. Die zweite Serie ist nach der Originalzeichnung einfach von Hand ziseliert und feueremailliert worden. Zu sehen sind auf dem Zifferblatt schließlich die noch unscharfen Umrisse

Titelbild der berühmten aus 18 Blättern bestehenden „Weltkarte" von Gerhard Mercator, der mit diesem Werk aus dem Jahre 1569 die erste Projektion des Globus auf eine plane Fläche schuf.

der Kontinente und vagen Verläufe der Flüsse etc. Die Besonderheit dieses Modells bleibt jedoch nicht auf die Meisterleistung der Emailleure beschränkt. Um dem Zirkel, diesem altehrwürdigen Gerät angewandter Geometrie, die Ehre zu erweisen, haben die Meister des Genfer Hauses die Uhr mit einer völlig neuen Komplikation ausgestattet – mit Stunden- und Minutenzeigern in Form eines Messinstruments. Die beweglichen Schenkel des Zirkels, deren Achse bei 12 Uhr fixiert ist, zeigen mit ihren Spitzen in zwei von 1 bis 12 und 0 bis 60 eingeteilte Sektoren und stellen sich am Ende ihres Wegs automatisch auf Null zurück. Damit das Gehäuse nicht zu dick ausfiel, erhielt die Uhr ein besonderes Federhaus. Ihr Werk 1120M mit 36 Rubinen weist einen Durchmesser von 28,40 mm auf und arbeitet mit 19600 Halbschwingungen pro Stunde. Die Gangreserve beträgt 40 Stunden. Das runde Gehäuse der Mercator besteht aus 18-karätigem Gold und ist bis 30 Meter Tiefe wasserdicht.

Ein exklusives Modell mit zwei Zeigern, die die Schenkel eines Zirkels bilden. Sie geben die Uhrzeit an – die Stunden in einem Sektor zwischen 6 und 8 Uhr, die Minuten zwischen 6 und 4 Uhr.

Außergewöhnliches Raffinement

Diese in der Kollektion „Les Complications" aufgelegte Armbanduhr in Skelettform ist ein wahres Meisterwerk der Uhrmacherkunst. Jedes ihrer Einzelteile wurde so ausgearbeitet und positioniert, dass kein Rädchen verborgen bleibt.

Die beiden Saphirgläser, die das Zifferblatt und den Gehäuseboden schützen, verleihen der Tourbillon Squelette eine einzigartige Schwerelosigkeit. Dieser Eindruck wird durch die Guillochierung vieler Komponenten noch verstärkt. Die Skelettuhr, allemal schwierig in der Ausführung, ist hier noch zusätzlich mit dem Tourbillon ausgestattet, einer der anspruchsvollsten Komplikationen überhaupt. Einst erfand Abraham-Louis Breguet diesen Mechanismus, bestehend aus einem kleinen Käfig mit Aussparungen, der sich einmal in der Minute um sich selbst dreht. Zweck des Tourbillons ist es, die Gangungenauigkeiten aufgrund der Erdanziehungskraft auszugleichen. Heute setzt man das Tourbillon nur noch für außergewöhnliche Modelle ein. Denn aufgrund des Fortschritts der Werkstofftechnik ist es möglich, diese Abweichungen anderweitig und mit geringerem Aufwand zu kompensieren. Aber die Uhrmacher von Vacheron Constantin gaben sich mit dieser Komplikation noch nicht zufrieden: In ihrem Bestreben nach immer größerer Perfektion statteten sie das Uhrwerk darüber hinaus mit dem System des doppelten Federhauses aus. Dieser Kunstgriff sorgt für eine bessere Verteilung der Kräfte, die auf das Räderwerk übertragen werden. Folglich fällt der Verschleiß der Teile des Mechanismus geringer aus. Nicht unerwähnt bleiben soll ferner, dass die Tourbillon Squelette noch einige Finessen zu bieten hat, die der Liebhaber zu schätzen weiß. So ist das Tourbillon unter einer Doppelbrücke befestigt, die das Malteser Kreuz, das Emblem der Manufaktur, darstellt. Ein runder, um das Tourbillon angeordneter Index gibt für die kleine Sekunde bei 6 Uhr die Zeit an. Neben dem Stundenindex auf einem äußeren konzentrischen Ring um das Zifferblatt misst ein dritter Index die Gangreserve. Er befindet sich in einem Sektor bei 12 Uhr. Das Uhrwerk ist mit dem Kaliber 1760 SQ ausgestattet, es arbeitet mit 18000 Halbschwingungen pro Stunde.

Zénith Rainbow Fly-Back

Der Präzisionschronograph Rainbow Fly-Back ist für Piloten gedacht. Er fällt durch seinen überdimensionierten Minutenzähler bei 3 Uhr auf. Der Minutenzähler ist in unterschiedliche Farbzonen eingeteilt. Die Farben korrespondieren mit den Luftfahrtsymbolen.

Eine Referenz

Die Liebe, die Zénith mit der Luftfahrt verbindet, geht zurück auf die Zeit zu Anfang der 1930er-Jahre. Damals rüstete die Firma bereits viele Flieger aus, und sie organisierte eine Zuverlässigkeitsprüfung, die „Coupe Zénith". Georges Favre-Jacot hatte das Traditionsunternehmen im Jahre 1865 in Le Locle im Schweizer Jura gegründet. In jüngster Zeit machte die Marke auf sich aufmerksam, als sie 1995 mit Bravour die Kriterien eines von der französischen Armee aufgestellten Lastenhefts erfüllen konnte. Ins Rennen geschickt hatte Zénith den Chronographen Rainbow Fly-Back. Dieses außergewöhnliche Modell hätte die Militärs sicherlich dauerhaft hoch erfreut, wenn sich die Aufträge durch den Verzicht auf die Wehrpflicht einige Zeit vor Bekanntgabe der Ausschreibung nicht erübrigt hätten. Der Rainbow Fly-Back wird von den Profis und Liebhabern der zivilen Luftfahrt allerdings nicht minder geschätzt. Sie messen diesem Chronographen gleichfalls alle Qualitäten eines verdienten Flugbegleiters zu. Er ist ein effizientes Kraftpaket von nüchternem Aussehen – ausgestattet mit einer für Piloten besonders wichtigen Funktion, der „Rückstellung im Flug" (englisch: *fly-back*). Dahinter verbirgt sich ein komplexer Mechanismus. Er gestattet die Rückstellung (Nullstellung) des zuvor in Gang gesetzten Schleppzeigers und seine sofortige Neuaktivierung. Diese Funktion wird mithilfe der Drücker bei 2 und bei 4 Uhr ausgeführt. Piloten wissen diesen Komfort zu schätzen, weil sie so besser mit kurzfristigen Änderungen der Zeitdaten während des Flugs umgehen können, insbesondere wenn es sich um den Landeanflug handelt und schon die geringste zeitliche Abweichung von den Vorgaben verhängnisvolle Folgen nach sich ziehen kann. Als Antrieb für die präzise Mechanik dieses Modells wählte Zénith das berühmte Uhrwerk El Primero. Das Zifferblatt des hier abgebildeten Chronographen mit großen arabischen Leuchtziffern ist tiefschwarz. Die gute Ablesbarkeit dieses Zifferblatts wird durch die deutlich voneinander unterscheidbaren Zeiger noch zusätzlich unterstützt.

Eines der Werksgebäude der Manufaktur (Anfang des 20. Jahrhunderts).

Übersetzung der Energie

Georges Favre-Jacot war erst 22 Jahre alt, als er 1865 sein Unternehmen gründete. Die Firma erhielt 1905 den Namen „Zénith" (benannt nach einem Qualitätsuhrwerk des Hauses).

Im Verlaufe der 1960er-Jahre wurden die Fortschritte in der elektronischen Zeitmessung unübersehbar. Nun waren die Hersteller mechanischer Uhrwerke zur Entwicklung eines Kalibers mit höherer Schwingungsfrequenz aufgefordert, um so eine bessere Ganggenauigkeit zu erzielen. Sieger in diesem neuen Wettlauf der Uhrenbranche war die Marke Zénith mit ihrem von nun an berühmten Kaliber El Primero. Der mechanische Chronograph gleichen Namens war zudem mit einem automatischen Aufzug ausgerüstet. So konnte die Zahl der Halbschwingungen von 18000 auf 36000 pro Stunde erhöht werden, was die Präzision der Zeitangaben entscheidend verbesserte. Um eine solche Frequenz zu ermöglichen, war es allerdings erforderlich, dass das Aufzugssystem deutlich mehr Energie übertragen kann und Probleme mit der Schmierung des Ankerrads vermieden werden. Deshalb verfügt das Uhrwerk El Primero über einen auf Kugellagern montierten Zentralrotor. So erübrigte sich die traditionelle Ölschmierung. Diese Eigenschaften trugen dem Uhrwerk das von der COSC (Contrôle officiel suisse des chronomètres) ausgestellte Chronometerzertifikat ein. Der Chronograph El Primero war das Ergebnis langjähriger Entwicklungsarbeit. Dabei gaben sich die Uhrmacher nicht mit einer „additiven Lösung" zufrieden, d.h. nicht damit, dem Uhrwerk mit automatischem Aufzug den Chronographenmechanismus lediglich anzugliedern. Stattdessen entwickelten sie ein integriertes Uhrwerk. So ließ sich die Größe des Kalibers auf fast 6,5 mm reduzieren – eine beachtliche Leistung.

Der Siegeszug asiatischer Quarzuhren schmälerte den Erfolg des Chronographen El Primero erheblich. Wegen der „großen Quarzkrise" wurde seine Produktion 1975 eingestellt. Doch Atelierchef Charles Vermot weigerte sich damals, alle mechanischen Werkkomponenten des Chronographen zu verschrotten. So erwies er sich rückblickend als Retter des Know-hows von El Primero. Als Mitte 1980er-Jahre mechanische Chronographen wieder mehr gefragt waren, gab es folglich keine Anlaufprobleme. Heute gehört El Primero zur Kaliberfamilie 400, die in der ganzen Branche als beste Empfehlung gilt.

Der Chronograph El Primero mit zwei Drückern verfügt über einen komplettem Kalender und eine Mondphasenanzeige. Er ist wasserdicht bis 30 Meter Tiefe. Das Uhrwerk, bestehend aus 354 Einzelteilen, hat 31 Rubine und arbeitet mit 36000 Halbschwingungen pro Stunde. Der Aufzug erfolgt automatisch, und die Gangreserve beträgt 50 Stunden. Das Gehäuse ist aus Gold und weist einen

Das berühmte mechanische Uhrwerk El Primero mit automatischem Aufzug und 36 000 Halbschwingungen pro Stunde. Die schnellen Schwingungen verleihen dem Werk Präzision und Ganggenauigkeit.

Ein Chronometer mit Rundgehäuse. Das Design ist von ganz eigener Schönheit.

transparenten Boden auf. So ist der Blick auf den Mechanismus frei. Der Index aus goldplattierten römischen Ziffern hebt sich vorzüglich gegen das weiß emaillierte Zifferblatt ab. Die Zifferblätter der Sekunden, Minuten und Stunden des Chronographen befinden sich bei 3, 9 und 6 Uhr. In das Stundenzifferblatt ist die vertiefte Anzeige der Mondphasen integriert. Die rechteckigen Fenster bei 10 und 2 Uhr zeigen Tag und Monat an, ein etwas größeres rechteckiges Fenster zwischen 4 und 5 Uhr bringt das Datum. Der Index aus römischen Ziffern ist von einer gravierten Tachymeterskala mit einer Einteilung von 60 bis 400 umgeben. Mittels dieser Skala kann die Geschwindigkeit des Fahrzeugs, in dem man sich befindet, festgestellt werden.

Profile

Alain Silberstein

Alain Silberstein präsentierte seine ersten Kreationen 1985. Nach einem Studium des Kunstgewerbes war er zunächst auf dem Gebiet der Innenarchitektur tätig. Seine Uhrwerke sind ebenso hochpräzise wie sein Design farbenfroh und spielerisch. Durch und durch kreativem Design verbunden, brachte er in den kleinen Kreis mechanischer Uhrenhersteller ein belebendes Element ein.

Audemars Piguet

Jules-Louis Audemars und Edward-Auguste Piguet gründeten im schweizerischen Le Brassus 1881 eine gemeinsame Firma. Die Zusammenarbeit zahlte sich aus. Denn das Unternehmen wurde bald namhaft für die Herstellung zahlreicher Komplikationen. Hier entstanden die ersten Uhren mit Repetitionsschlagwerk sowie die ersten Skelettarmbanduhren. Auch ein extra flacher ewiger Kalender gehört zu den Schmuckstücken des Hauses.

Baume & Mercier

Die Gründung des Unternehmens im Jahre 1918 resultierte aus der Begegnung zwischen William Baume, Erbe des seit 1830 bestehenden Hauses Baume, und dem renommierten Uhrmacher und Juwelier Paul Mercier. Einen Namen machte sich das Unternehmen schon bald mit der Kreation von Schmuckuhren für Damen und mit eleganten Chronographen. Seit 1988 gehören die Firmenanteile zu 60 Prozent Cartier.

Bell & Ross

Die Geschichte von Bell & Ross begann mit der Firma SINN, die Messinstrumente und Armaturen für die Luft- und Raumfahrtindustrie herstellt. Im Jahre 1991 wurde auf Anregung des ehemaligen Produktionsleiters von IWC und von Carlos Rosillo die Marke Bell & Ross kreiert. Das Unternehmen bedient heute die professionellen Märkte, stellt seit einigen Jahren aber auch Qualitätsuhren für das breite Publikum her.

Blancpain

Jehan-Jacques Blancpain gründete seine Manufaktur 1735 im Schweizer Jura. Er und seine Nachfahren begründeten eine große, bis heute fortbestehende Tradition der Uhrenherstellung. Nach dem Ersten Weltkrieg tat sich Blancpain vor allem durch die Vermarktung der ersten Armbanduhren mit dem Harwood-Patent hervor, später – Mitte der 1950er-Jahre – mit einer Palette moderner Tauchuhren. In den beiden letzten Jahrzehnten bestach das Unternehmen durch zahlreiche Weltpremieren.

Boucheron

Vier Generationen folgten einander an der Spitze des im Jahre 1858 gegründeten Juweliergeschäfts an der Place Vendôme. Einst bediente der Firmengründer die vornehme Kundschaft im Paris Kaiser Napoleons III. Die erlesenen Schmuckstücke und Armbanduhren von damals sollten den Ruf des Hauses begründen. Das Unternehmen führte viele Neuerungen ein. Besonders spektakulär war das Patent von 1948 für eine unsichtbare Schließe.

Breguet

Unbestreitbar ist Abraham-Louis Breguet einer der bedeutendsten Uhrmacher aller Zeiten; viele seiner Patente werden heute noch genutzt. Der Meister eröffnete sein Pariser Atelier im Jahre 1775. Geachtet bei Hofe, später von der kaiserlichen Familie Napoleons, gelang ihm eine ganze Serie von Meisterleistungen, u. a. erfand er das Tourbillon und die Tonfeder für Repetieruhren. Seine Erben setzten die Tradition des Hauses fort. Seit Louis Breguet, 1880 geborener Nachfahre des Firmengründers, ist das Haus auch eng mit der Fliegerei verbunden. Dieser Liaison war die berühmte Fliegeruhr „Type XX“ zu verdanken. Heute ist das Unternehmen Breguet nicht mehr in Familienbesitz. Doch weiterhin werden Uhren hergestellt, die der ruhmreichen Tradition Breguet'scher Uhrmacherkunst verpflichtet sind.

Breitling

Léon Breitling gründete 1884 eine Schweizer Uhrenfirma gleichen Namens. Das Unternehmen spezialisierte sich zunächst auf qualitativ hochwertige, mit zahlreichen Komplikationen versehene Taschenuhren und Chronographen. Die Erben des Firmengründers begeisterten sich für die Fliegerei und richteten die Produktion noch stärker auf bestimmte Chronographen und Messinstrumente für den Sport und vor allem die Luftfahrt aus. Das bekannteste Produkt der Firma war der außergewöhnliche Chronograph Navitimer von 1952. Das nicht mehr in Familienbesitz befindliche Unternehmen setzt heute das traditionelle Firmenprogramm fort.

Cartier

Das renommierte Unternehmen Cartier kann heute auf eine über 150 Jahre alte Tradition zurückblicken. Gegründet wurde es von dem Schmuckhändler Louis-François Cartier in Paris, der zunächst mit antiken Taschenuhren handelte, aber schnell zu einer „ersten Adresse" im Frankreich Napoleons III. wurde. Sohn und Enkel des Firmengründers verstanden es, das Unternehmen auszubauen. Die Luxusuhren und hohe Juwelierkunst des Hauses zogen jetzt selbst gekrönte Häupter in den Bann. Enkel Louis hatte frühzeitig die Zeichen der Zeit erkannt und wandte schon vor dem Ersten Weltkrieg seine Aufmerksamkeit den Armbanduhren zu. So entstand 1904 die berühmte Golduhr „Santos" für den brasilianischen Milliardärssohn Alberto Santos-Dumont. Heute ist das Unternehmen nicht mehr in Familienbesitz, hat seinen Platz aber in einer erfolgreichen Firmengruppe gefunden.

Chopard

Die Schweizer Manufaktur Chopard wurde 1860 von Louis-Ulysse Chopard gegründet. Die Zuverlässigkeit und Qualität seiner Präzisionstaschenuhren trugen ihm das Vertrauen der Schweizer Eisenbahngesellschaft ein, die er beliefern durfte. Bis in die 1960er-Jahre führten die Erben des Gründers diese Uhrenmarke fort. Dann trat der Enkel die Firma an den Pforzheimer Uhrenfabrikanten Karl-Friedrich Scheufele ab. Heute bestimmen Schmuck- und Luxusarmbanduhren das Profil des Unternehmens. Eines der Flagschiffe ist das Modell Happy Diamonds.

Corum

Im Jahre 1955 von René Bannwart sowie Gaston und Simone Ries im schweizerischen La Chaux-de-Fonds gegründet, sollte sich das Unternehmen schnell durch Innovationsfreude auszeichnen. Als vielversprechendes Signet wählten die Gründer den „Schlüssel zur perfekten Zeit". Seit 1956, als Corum seine erste Kollektion vorstellte, ist dem Unternehmen aufgrund origineller Kreationen für die gehobene Käuferschicht anhaltender Erfolg beschieden.

Daniel Roth

Die Begeisterung für das legendäre Vallée de Joux bewegte diesen talentierten Mann aus dem französischen Nizza dazu, sich in dem Dorf Le Sentier niederzulassen. Bevor Roth sich dort 1989 selbstständig machte, hatte er bei Breguet viel dazu beigetragen, diesem Haus einiges von seinem alten Glanz zurückzugeben.

Dunhill

Alfred Dunhills 1893 in London gegründete Firma stellte zunächst Pferdegeschirre, Sättel und anderes Zubehör für Pferd und Reiter her. Doch rasch wurde das Sortiment durch vielerlei Accessoires für den Mann erweitert – z. B. Utensilien für das Automobil und Pfeifen. Letztere waren für das Image der Firma von besonderer Bedeutung. In den 1920er-Jahren entschloss sich der Firmengründer zum Aufbau eines kompletten Sortiments an Herrenuhren von typisch britischer Eleganz.

Ebel

Die Schweizer Uhrenfirma Ebel wurde 1911 in La Chaux-de-Fonds von Eugène Blum gegründet. Unter dem Neffen des Firmengründers, Pierre-Alain Blum, nahm die Firma in den 1970er-Jahren mit einer Produktlinie von hoher Qualität großen Aufschwung. Als besonders erfolgreich für des Haus erwies sich die Zusammenarbeit mit dem Designer Edy Schoepfer.

Eberhard

Georges Emile Eberhard, der Erfinder des Taschenchronographen, richtete seine Werkstatt 1887 im schweizerischen La Chaux-de-Fonds ein. Seine Geschäftserfolge erzielte er vor allem mit dem Verkauf von Chronographen. Die Vorliebe für diese Uhren findet sich später auch bei den Söhnen Georges und Maurice, denen wir die Entwicklung von Chronographen mit zwei Drückern verdanken. Seit den 1960er-Jahren verbindet sich der Name Eberhard vor allem mit Sportereignissen und mit der Fliegerei.

ETA

Die Marke ETA entstand 1926 in Neuchâtel durch den Zusammenschluss von Rohwerkeproduzenten. 1932 wurde ETA der Holdinggesellschaft Ebauches SA angegliedert. Heute ist ETA der Swatch Group zugehörig und gilt als einer der bedeutendsten Rohwerkeproduzenten. ETA bringt fast keine Uhren unter eigenem Namen heraus, stattet vielmehr andere Marken aus. Das Unternehmen konnte sich als Hersteller zahlreicher mechanischer Uhrwerke auszeichnen, aber auch auf dem Gebiet der Quarzuhren.

Eterna

Die Marke Eterna geht auf die Schweizer Uhrenfabrikanten Urs Schild und Joseph Girard zurück, deren gemeinsame Firma 1856 gegründet wurde. Nach anfänglichen Schwierigkeiten stellte das Unternehmen 1875 seine ersten eigenen Modelle vor. Die Uhren von Eterna waren fortan schlicht-elegant, dennoch jeweils mit technischen Neuerungen versehen. Eterna führte 1948 den Zentralrotor mit Mikrokugellager ein. Dieses innovative Eterna-System entwickelte sich danach zu einem Qualitätsstandard, dem schließlich fast die gesamte Branche verpflichtet war.

Franck Muller

Geboren im Jahre 1958, schuf sich Franck Muller anfänglich eine solide Reputation bei Sammlern und Museen, deren historische Modelle er gekonnt restaurierte. Seit 1983 machte er sich darüber hinaus einen Namen mit der Herstellung von Armbanduhren. Deren Komplikationen stellten beinahe jedes Jahr eine Weltpremiere dar. Im Jahre 1992 gründete er in Genthod am Genfer See seine eigene Firma. Mullers Modelle von 1992 und 1998 erhielten jeweils die begehrte Auszeichnung „komplizierteste Armbanduhr der Welt".

Gérald Genta

Der Schweizer Gérald Genta, Sohn italienischer Eltern und gelernter Uhrmacher, begann seine Karriere als Designer. Bevor er sich 1969 selbstständig machte, kreierte er für so namhafte Firmen wie Audemars Piguet, Patek Philippe und Omega mehrere Klassiker, die Jahrzehnte Bestand haben sollten. Als selbstständiger Uhrenhersteller konzentrierte er sich auf kostbare Einzelstücke sowie auf hoch komplexe Uhrwerke.

Girard-Perregaux

Der ungewöhnlich kreative und perfektionistische Uhrmacher Constant Girard gründete 1852 zusammen mit seinem Bruder eine Uhrenfabrik, die wenig später in „Girard-Perregaux" umbenannt wurde, als Constant Marie Perregaux geehelicht hatte, die gleichfalls aus einer Uhrmacherfamilie stammte. Das berühmteste Modell des Hauses war die „Tourbillon mit drei Goldbrücken" aus dem Jahre 1867. Diese Taschenuhr erhielt auf internationalen Ausstellungen mehrere Goldmedaillen. 1906 erwarb der Sohn des Firmengründers Constant noch die Genfer Uhrenfirma Bautte & Rossel (seit 1791). Girard-Perregaux wird nachgesagt, um das Jahr 1880 die ersten Armbanduhren in Serie hergestellt zu haben. Die Firma ist noch heute hoch angesehen. Erst kürzlich gelang ihr das Kunststück, das legendäre Goldbrückentourbillon von 1867 als Armbanduhr auf den Markt zu bringen.

Hamilton

Die Uhrenfabrik Hamilton wurde 1893 in Lancaster (Pennsylvania) gegründet. 1927 erwarb Hamilton die Illinois Watch Co und entwickelte sich so zu einem der größten Uhrenhersteller auf dem nordamerikanischen Kontinent, während des Zweiten Weltkriegs schließlich zum bedeutendsten amerikanischen Hersteller von Chronometern. Ende der 1950er-Jahre brachte die Firma die erste elektromechanische Armbanduhr auf den Markt.

Hanhart

Die Geschichte dieser deutschen Firma begann 1882 in dem Dorf Diesenhofen in der Schweiz, wo Adolf Hanhart einen Uhrmacher- und Juwelierladen eröffnete, bevor er sich ein Jahrzehnt später im deutschen Schwenningen niederließ (dann in Gütenbach, Südbaden). Dieses Haus machte seine Geschäfte mit Taschenuhren, Stoppuhren und Chronographen und konnte sich nach dem Ersten Weltkrieg gut behaupten. In den 1930er-Jahren stieg Hanhart in das Geschäft mit Armbanduhren ein. Durch die Herstellung von Militärarmbanduhren, z. B. des legendären Fliegerchronographen (heute neu aufgelegt), hatte Hanhart nach dem Zweiten Weltkrieg einen nicht leichten Stand. Die Firma konzentriert sich seit 1962 auf Präzisionsprodukte aus dem Bereich der Zeitmessung.

Harwood

In der Abgeschiedenheit der Isle of Man (Irische See) entwickelte der englische Uhrmacher John Harwood 1923 einen automatischen Aufzug für Armbanduhren mittels einer zentral gelagerten Schwungmasse. Diese Erfindung wurde unter seinem Namen, aber auch dem anderer Hersteller erfolgreich vermarktet. Doch blieb dem Tüftler der ganz große Erfolg versagt, da seine „Harwood" nicht ohne technische Mängel war.

IWC

Die Schaffhausener Uhrenfabrik IWC (=International Watch Company) wurde 1868 von dem amerikanischen Ingenieur Florence A. Jones gegründet, der das Unternehmen 1875 jedoch an den Schweizer Johannes Rauschenbach veräußern musste. Die Manufaktur wurde nun um- und ausgebaut. Rauschenbachs Erben verstanden es, das Unternehmen sicher durch die ersten Jahrzehnte des 20. Jahrhunderts zu bringen. Im Zweiten Weltkrieg stellte IWC eine berühmte Fliegerarmbanduhr her. Das Unternehmen gilt als einer der renommiertesten Schweizer Uhrenhersteller.

Jaeger-LeCoultre

Im Jahre 1833 gründete der außergewöhnlich begabte Uhrmacher Antoine LeCoultre in Sentier im Schweizer Jura seine eigene Manufaktur. Sie stellte Präzisionsteile und Rohwerke für Modelle von Patek-Philippe und Cartier her und erwarb sich so einen vorzüglichen Namen. 1903 tat sich der Enkel des Firmengründers Jacques-David mit dem französischen Uhrmacher Edmond Jaeger zusammen. Der förmliche Firmenzusammenschluss erfolgte allerdings erst 1925. Jaeger-LeCoultre konzentrierte sich in der Folgezeit auf Qualitäts- und Luxusarmbanduhren. 1931 erschien die berühmte Reverso mit einem drehbaren Gehäuse. Mit dieser und anderen Armbanduhren sicherte sich das Unternehmen den bis heute anhaltenden Erfolg.

Lange & Söhne

Ferdinand Adolph Lange gründete mit Unterstützung der sächsischen Regierung im Jahre 1845 eine Lehrwerkstatt und nahm zugleich die Herstellung von Uhren auf. Er und seine Söhne führten viele technische Neuerungen ein und begründeten das hohe Ansehen der wohl bedeutendsten deutschen Uhrmachermanufaktur. Geschickt wusste die Firma mit Produkten ausgezeichneter Qualitätsstufen große Erfolge zu erzielen. Dieser Markterfolg konnte auch nach 1918 kaum getrübt werden. Während des Zweiten Weltkriegs leistete die Firma in erster Linie Auftragsarbeit für die Wehrmacht. Nach Kriegsende wurde Lange & Söhne verstaatlicht und ging in einem Kombinat auf. Erst nach der Wiedervereinigung Deutschlands konnte die Firma ihre Tradition fortsetzen.

Lip

Diese französische Uhrenfirma wurde 1867 von Ernest Lippmann gegründet, der aus einer burgundischen Uhrmacherfamilie stammte. Lip war nach wechselvoller Geschichte durch mehrere Generationen vor allem nach dem Zweiten Weltkrieg erfolgreich. 1973 brachte das Unternehmen die erste Analog-Digitaluhr auf den Markt. Doch kam Lip nach Erfolgen (auch auf internationalen Märkten) schließlich in anhaltende finanzielle Schwierigkeiten. Im Jahre 1990 ging das Haus in der Sensemat-Gruppe auf.

Longines

Diese Uhrenfabrik gründete der Schweizer Uhrmacher Ernest Françillon 1866 in St. Imier. Der Firmengründer entschied sich schon frühzeitig für eine maschinelle Fertigung. Hier entstanden Chronographen, Qualitätstaschenuhren, von 1905 an auch schon Armbanduhren, später außerdem Chronometer für Zeitmessungen im Sport. Die Firma gehört seit 1982 zum SMH-Konzern.

Mauboussin

Das Haus Mauboussin wurde 1827 als Juweliergeschäft gegründet, das sich bald viel Renommee erwarb. Als Uhrenmanufaktur gewann Mauboussin durch die Herstellung kostbarer Tischuhren sein Profil. Im Bereich der Armbanduhren überzeugen Mauboussins Modelle durch kreatives Design mit Edelsteinen.

MDM

„MDM Genève“, so der offizielle Name des Unternehmens, wurde 1979 von Carlo Crocco gegründet. Schon mit seiner ersten Produktserie, der Hublot, bewies MDM eine außergewöhnliche Begabung für Innovationen. Heute richtet das Unternehmen seine Bemühungen u. a. auf die Entwicklung neuer Materialien.

Movado

Der Firmengründer Achille Ditesheim gründete 1881 in La Chaux-de-Fonds eine Manufaktur, in die bald auch seine Brüder Léopold und Isidore eintraten. Im Jahre 1905 gab sich das Haus den Firmennamen „Movado“. Früh erfolgreich mit der Vermarktung von Rohwerken und Taschenuhren, wusste Movado immer wieder durch das Design origineller Gehäuse auf sich aufmerksam zu machen. In den 1930er-Jahren erfreute sich das Modell Ermeto großer Beliebtheit. Heute gehört Movado zur NAWC (North American Watch Corporation).

Officine Panerai

Guido Panerai hatte sich 1865 in Florenz niedergelassen und begann schon kurz darauf eine ebenso dauerhafte wie erfolgreiche Zusammenarbeit mit der königlich italienischen Marine. So befanden sich an Bord italienischer Kriegsschiffe während des Ersten Weltkriegs viele Panerai-Rechner. 1941 entwickelte Officine Panerai das Modell Radiomir, aus dem die berühmte, bis heute bei Sammlern sehr begehrte Luminor hervorging.

Omega

1848 gründete Louis Brandt in La Chaux-de Fonds eine Werkstatt, aus der später Omega hervorgehen sollte, eine der bekanntesten Schweizer Uhrenfirmen. Schon die Söhne des Firmengründers machten aus dem Unternehmen eine Weltfirma, deren Zeitmesser im 20. Jahrhundert bei Olympischen Spielen in das Bewusstsein einer breiten Öffentlichkeit traten. Als der amerikanische Astronaut Neil Amstrong am 21. Juli 1969 als erster Mensch den Mond betrat, trug er an seinem Handgelenk das Omega-Modell Speedmaster. Bis heute ist die Marke Omega eine „erste Adresse", insbesondere für Präzisions-Kurzzeitmessgeräte.

Oris

Unter der Marke „Lohner & Nägelin" 1902 in Hölstein (Schweiz) gegründet, wandte sich das Unternehmen schon vor dem Ersten Weltkrieg der Massenproduktion von Uhren mittlerer Qualität und der von Weckern zu. Doch blieb das Bemühen um Qualitätsstandards kennzeichnend für das Haus. Es erwarb in den 1950er- und 1960er-Jahren von den Prüfbüros zahllose Zertifikate, war in den 1970er-Jahren allerdings von der großen Krise der Schweizer Uhrenindustrie betroffen und ging in der ASUAG (Allgemeine Schweizerische Uhrenindustrie AG) auf.

Parmigiani Fleurier

Michel Parmigiani begann Anfang der 1970er-Jahre als Restaurator von Taschen- und Armbanduhren sowie antiker Wanduhren. Sein technisches Können und sein Renommee ermöglichten ihm, im Jahre 1990 seine eigene Manufaktur zu gründen. Parmigiani produziert vor allem erlesene Einzelstücke für eine ausgesuchte Kundschaft.

Patek Philippe

Dieses heute zu den renommiertesten Schweizer Uhrenfirmen zählende Haus wurde 1845 von dem polnischen Emigranten Antoine Norbert de Patek und dem französischen Uhrmacher Jean Adrien Philippe gegründet. Der Vorsatz des Unternehmens lautete von Anbeginn an, die „schönsten und wertvollsten Uhren" kreieren zu wollen. Diesem Vorsatz blieb auch die Familie Stern treu, die 1932 die Mehrheitsanteile erwarb. Uhrenliebhaber verdanken dem Haus zahlreiche Patente und einige der außergewöhnlichsten Modelle, die je gebaut wurden, darunter die berühmte Calibre 89.

Piaget

Gegründet 1874 von Georges Piaget in La Côte-aux-Fées, produzierte das Unternehmen jahrzehntelang überwiegend Rohwerke und Einzelteile. Unter der Leitung des Enkels profilierte sich das Haus mit der Herstellung extra flacher und qualitativ hochwertiger Luxusuhren. Hervorzuheben ist in diesem Zusammenhang das Modell 12P aus dem Jahre 1959, das damals weltweit flachste Uhrwerk (mit einer Dicke von 2,3 mm).

Pulsar

Der Marke Pulsar kommt das Verdienst zu, die erste voll elektronische Quarzarmbanduhr ohne bewegliche Teile produziert zu haben. Als die Uhr 1970 auf den Markt kam, entwickelte sie sich binnen weniger Tage zu einem Verkaufsschlager. Doch nach stürmischem Beginn musste die Marke 1973 verkauft werden und ist heute im Besitz der Firma Seiko.

Revue Thommen

Diese Schweizer Uhrenfabrik wurde 1853 gegründet und wenig später von dem Uhrmacher Tschopp und dem Unternehmer Thommen übernommen. Letzterem und seinem Sohn ist es zu danken, dass sich das Unternehmen erfolgreich entwickelte. Das bekannteste Produkt des Hauses wurde die seit 1947 vermarktete Cricket – ein innovativer Armbandwecker, der u. a. das Handgelenk mehrerer amerikanischer Präsidenten zierte.

Rolex

Der Siegeszug der Armbanduhr im 20. Jahrhundert ist untrennbar mit dem legendären Firmengründer von Rolex, dem gebürtigen Bayern Hans Wilsdorf, verbunden. Seinen ersten großen Erfolg erzielte er 1926 mit dem Modell Oyster, der ersten wasserdichten Armbanduhr. Die Bezeichnung „Oyster" (=Auster) war eine Anspielung auf die Fähigkeit dieses Schalentiers, seine Muschel hermetisch abzuschließen. Rolex setzte stets auf robuste und verlässliche Uhrwerke, überlebte deshalb auch die „Quarz-Revolution" und feiert bis in die heutige Zeit große Erfolge.

Seiko

Das japanische Unternehmen Seiko wurde 1881 von Kintaro Hattori in Tokio gegründet. Zunächst handelte das Haus ausschließlich mit importierten Schweizer Uhren, etablierte sich aber Zug um Zug als Herstellerfirma mit breiter Angebotspalette. Die große Stunde des Unternehmens kam mit der Entwicklung von Quarzuhren, die bei Seiko in Großserie ab 1972 hergestellt wurden. Später wusste das Unternehmen mit verschiedenen technischen Meisterwerken zu überzeugen.

Swatch

Die Marke Swatch (aus: Swiss Watch), konzipiert als eine Antwort auf die billigen Quarzuhren aus Japan, ist eine von der ASUAG (Allgemeine Schweizerische Uhrenindustrie AG) 1983 auf den Markt gebrachte Marke des Rohwerkeproduzenten ETA aus Grenchen in der Schweiz. Der phänomenale Erfolg, der mit Swatch-Uhren erzielt werden konnte (100 Mio. verkaufte Exemplare in den ersten 10 Jahren), basiert auf dem außergewöhnlichen Design und darauf, dass die Uhren vergleichsweise preisgünstig sind.

TAG-Heuer

Das Haus wurde 1860 von Edouard Heuer im schweizerischen St. Imier gegründet. Es bestand anfänglich nur aus einem Geschäftslokal. Heuer fertigte vor allem Taschenuhren aus Silber. 1864 ließ er sich einen neuartigen Kronenaufzug patentieren und wandte sich in den 1880er-Jahren, angeregt durch Geschäftsreisen nach England, den Präzisionschrononographen zu. Die Söhne und Enkel folgten der Suche des Gründers nach immer präziserer Zeitnahme. Schon 1916 erhielt das Haus das Patent auf die Messgenauigkeit von einer Hundertstelsekunde für eine Stoppuhr. Im Jahre 1964, inzwischen war das Unternehmen ein unumgänglicher Partner bei Sporterereignissen geworden, lancierte das Unterenehmen eine elektronische Stoppuhr mit der Genauigkeit einer Tausendstelsekunde. 1985 erfolgte der Zusammenschluss mit dem Unternehmen TAG.

Tissot

Das 1853 eröffnete Haus war rasch erfolgreich, vor allem im Ausland (USA, Russland). Aufgeschlossen gegenüber der industriellen Fertigung, konnte Tissot nach dem Ersten Weltkrieg die schwierige Zeit gut überstehen. 1929 ging die Firma durch Fusion mit Omega in der Holdung SSIH (Société Swisse pour l'Industrie Horlogère SA) auf. Fortan konzentrierte sich die Marke auf das Marktsegment gehobener Gebrauchsuhren. Als in den 1960er-Jahren Edouard-Louis Tissot in das Unternehmen eintrat, begannen ehrgeizige Forschungsbemühungen um moderne Werkstoffe für die Uhrenfabrikation. Ein Ergebnis dieser Bemühungen war die berühmte Idea 2001 mit einem Uhrwerk aus Kunststoffbauteilen.

Ulysse Nardin

Ulysse Nardin war kaum 23 Jahre alt, als er beschloss, im Schweizer Le Locle seine eigene Firma zu gründen. Er fertigte Taschenuhren und wurde für seine Arbeit 1862 auf der Weltausstellung in London ausgezeichnet. Unter seinem Sohn Paul David, der das Unternehmen vergrößerte und modernisierte, wurde die Fertigung von Marinechronometern zum wichtigsten Produktionszweig. Noch die Urenkel des Gründers führten das Unternehmen bis 1982 erfolgreich weiter. Dann wechselte es in die Hände des Kaufmanns Rolf W. Schnyder, unter dessen Leitung hoch komplizierte Armbanduhren auf den Markt kommen.

Universal Genève

Diese Firma wurde 1897 im schweizerischen Le Locle gegründet und trug zunächst den Namen Perret & Berthoud (nach den Gründern). Das Unternehmen konzentrierte sich anfänglich auf den Zusammenbau von Uhren und spezialisierte sich dann auf die Herstellung von Armbandchronographen. Zu den bekanntesten Modellen des Hauses gehört der Fliegerchronograph Aero-Compax; 1989 ging das Unternehmen in der Firmengruppe Stelux auf.

Vacheron Constantin

Die Manufaktur Vacheron Constantin gehört zu den ältesten Schweizer Uhrenfirmen. Sie wurde 1755 von Jean-Marc Vacheron in Genf gegründet. Jacques Barthélemy, der Enkel des Firmengründers, nahm 1819 seinen Freund François Constantin als Partner auf. So kam das Unternehmen durch schwierige Zeiten und florierte nach 1860, als sogar überseeische Agenturen errichtet werden konnten. Die Herstellung von hochwertigen Uhren trug dem Unternehmen zahlreiche Preise und Auszeichnungen ein. Im Jahre 1938 kam es zu einer engen Zusammenarbeit mit Jaeger-LeCoultre. Doch den Marktbedingungen der Kriegs- und Nachkriegsjahre war das Unternehmen nicht gewachsen und wechselte mehrfach, zuletzt im Jahre 1996, den Besitzer. Doch ist die Marke bis heute ihrer Spezialisierung auf Qualitäts- und Luxusuhren treu geblieben.

Zénith

Dieses Schweizer Unternehmen wurde 1865 von Georges Favre-Jacot gegründet. Er war bestrebt, die Produktion durch den Einsatz von Werkzeugmaschinen zu rationalisieren. Die Aufgeschlossenheit gegenüber technischen Innovationen sollte für Zénith (seit 1905 unter dem heutigen Namen) zum bleibenden Grundsatz werden. Heute begründen hochwertige mechanische Armbanduhren den Weltruf des Unternehmens.

Glossar

a

Anker: Bauteil zur Übertragung der Kraft vom Räderwerk auf die Unruh. Der Anker verhindert den unkontrollierten Lauf des Räderwerks.

Astrolabium: Altes Instrument für die Ermittlung astronomischer Daten.

Aufzugskrone: An der Aufzugswelle befestigtes Bauteil zum Aufziehen der Zugfeder, auch zum Stellen der Zeiger und für andere Funktionen.

b

Batterie: Siehe elektrische Zelle.

Boden: Unterer Teil des Gehäuses. Bei Taucheruhren ist der Boden meist mit Schrauben befestigt, um das Gehäuse bestmöglich abzudichten.

Brücke: Mit der Platine verschraubte Lagerung des Räderwerks.

c

Chronograph: Armbanduhr, deren Funktion aus dem Messen von Zeitabschnitten besteht, von Sekundenbruchteilen bis zu zwölf Stunden.

Chronometer: Armbanduhr, die nach Kontrolle durch eine offizielle Uhrenprüfstelle ein Chronometerzertifikat erhalten hat, als Garantie für Präzision und Zuverlässigkeit.

d

Dämpfer: Bauteil, meist in Form einer Feder, das den Anschlag am Ende des Wegs einer Schwungmasse dämpft.

Dichtung: Bewirkt bei wasserdichten Gehäusen den sicheren Verschluss. Dichtungen können aus Gummi, Neopren oder Kunststoff sein.

Digital: Bezeichnet eine zeigerlose Anzeige, die ausschließlich mit wechselnden Ziffern erfolgt.

Drücker: Druckstift, meist mit Knopf, bei dessen Betätigung ein Mechanismus aktiviert, angehalten etc. wird, z. B. der des Schleppzeigers.

e

Elektrische Zelle: Element, das einer Quarzarmbanduhr die erforderliche Energie spendet.

Email: Geschmolzene und gesinterte Mineralmischung. Sie schützt (oder schmückt) das Zifferblatt; oft auch als Zierde des Gehäusebodens.

Ewiger Kalender: Komplexer Kalendermechanismus, der u. a. die unterschiedlichen Monatslängen im Jahreslauf und die Besonderheit des Schaltjahrs automatisch berücksichtigt.

f

Feder: Feiner Stahlring, der mechanischen Uhrwerken die für den Lauf erforderliche Energie bereitstellt.

Federhaus: Zylindrisches Bauteil mit einer gezahnten Scheibe, die in das Räderwerk greift. Im Federhaus ist die Zugfeder eingelagert.

Fenster: Kleine Öffnung im Zifferblatt; dient u.a. zur digitalen Anzeige der Zeit oder von Kalenderdaten.

Frequenz: Die Zahl der Schwingungen pro Zeiteinheit. Bei einer modernen Armbanduhr schwingt der Quarz mit einer Frequenz von 32768 Halbschwingungen in der Sekunde.

g

Gangreserve: Das über das Aufzugsintervall hinausgehende Energiepotenzial, das eine Armbanduhr für einen gewissen Zeitraum lauffähig hält.

Gehäuse: Der äußere Mantel einer Uhr. Bei einer Armbanduhr besteht das Gehäuse meist aus Lünette, Gehäusemittelteil und Boden.

Gehäusemittelteil: Mittleres Teil des Gehäuses, an dem Boden und Lünette angebracht sind. Es nimmt die Drücker und die Krone auf.

Gemischte Anzeige: Ist bei einer Uhr gegeben, deren Anzeige analog (mit Zeigern) für die Stunden sowie Minuten erfolgt, aber digital (mit Ziffern) für andere Funktionen, z.B. die des Datums.

Glockenuhr: Alte Uhr mit Schlagwerk, bei der Hämmer gegen eine Glocke anschlagen und einen Klang oder eine Klangfolge erzeugen.

GMT: Abkürzung für *Greewich Mean Time;* mittlere Sonnenzeit von Greenwich. Ist bei Uhren eigens ausgewiesen, die mehrere Zeitzonen anzeigen.

Gongfeder: Bei Uhren mit Repetition ein um das Werk kreisförmig ausgelegter Stahldraht, der an der Platine befestigt ist und zur Tonerzeugung angeschlagen wird.

Guillochierung: Gravur von Gehäuseschalen und Zifferblättern in Form geometrischer Muster.

h

Halbschwingung: Diejenige Zeit, die ein Gangregler benötigt, um von einem Endpunkt zum anderen zu gelangen. Die Unruh eines klassischen Uhrwerks arbeitet mit 18 000 Halbschwingungen pro Stunde. Durch Erhöhen der Zahl der Halbschwingungen wird die Ganggenauigkeit der Uhr optimiert.

Hammer: Bauteil zum Anschlagen einer Glocke, einer Gongfeder oder der Gehäusewandung zur Erzeugung von Tönen bzw. Tonfolgen.

Hemmung: Wichtiges Bauteil mechanischer Uhren. Es ist zwischen Räderwerk und Pendel (bzw. Unruh) angeordnet.

i

Index: Auf dem Zifferblatt angeordnete arabische oder römische Ziffern, auf die zum Zwecke der Zeitanzeige Zeiger weisen.

j

Jahr: Zeit für einen Umlauf der Erde um die Sonne. Dieser dauert 365 Tage, 5 Stunden, 48 Minuten, 46 Sekunden und 98 Hundertstelsekunden.

k

Kalender: Gibt die Tage, Wochen und Monate eines Jahres an. Armbanduhren „mit Kalender" zeigen das Datum meist digital in einem Fenster.

KALIBER: Definiert die Dimensionen des Uhrwerks, dessen Form und die Art und Weise der Anbringung der Brücken. Das Kaliber wird oft in Linien gemessen (eine Linie entspricht 2,256 mm).

KOLONNENRAD: Es dient zur Koordinierung von Funktionen – der Aktivierung, des Anhaltens und der Nullstellung beim Chronographen.

KOMPLIKATION: Zusatzfunktion einer Armbanduhr, die andere Mechanismen als die der einfachen Zeitangabe beinhaltet.

MIKROROTOR: Miniaturisierter, in das Uhrwerk einer Armbanduhr integrierter Rotor. Er soll den Platzbedarf im Gehäuse einer Armbanduhr reduzieren.

MONDPHASEN: Komplikation, welche die Anzeige der verschiedenen Phasen des Mondes gestattet: Neumond, zunehmender Mond, abnehmender Mond und Vollmond. Oftmals erfolgt diese Anzeige mittels einer Drehscheibe.

l

LAGER: Bohrungen für die Zapfen des Räderwerks. Bei Qualitätstaschen- und Armbanduhren werden sie mit Steinen versehen, was einen möglichst reibungsfreien Lauf gewährleistet. Für die Lager werden oft synthetische Rubine eingesetzt.

LÄNGENGRAD: Winkelentfernung zwischen zwei Breitengraden.

LCD *(LIQUID CRYSTAL DISPLAY)*: Flüssigkristallanzeige. Sie dient zur Darstellung von Ziffern, Symbolen und Buchstaben. Diese werden durch das Anlegen einer elektrischen Spannung mithilfe von Leuchtkristallen zwischen zwei bedruckten Glasplättchen sichtbar gemacht.

LED *(LIGHT EMITTING DIODE)*: Erstes digitales Anzeigesystem bei Armbanduhren. Die Ziffern leuchteten durch Betätigung eines Drückers auf.

LINIE: Siehe Kaliber.

LÜNETTE: Am Gehäusemittelteil befestigtes Teil, mit dem das Glas an seinem Platz gehalten wird. Die Lünette hat sehr unterschiedliche Formen; sie kann eine Gradeinteilung enthalten, drehbar sein oder mit dem Gehäusemittelteil eine Einheit bilden.

m

MANUFAKTUR: Uhrenabrik, in der alle Bauteile oder zumindest die Rohwerke hergestellt werden. Andere Hersteller, die diese Kriterien nicht erfüllen, dürfen sich nach stiller Übereinkunft nicht als „Manufaktur" bezeichnen.

n

NOCKE: Spiralförmiges Bauteil, das in Weckerarmbanduhren eingesetzt wird. Die Stufung einer Nocke entspricht der Zahl der Gongs, die das Läutewerk anschlägt.

p

PLATINE: Werkplatte (meist aus Metall), auf der die verschiedenen Bauteile des Uhrwerks befestigt werden. Die Platine enthält auch die Bohrungen für die Lager.

r

RADHEMMUNG: Sie sperrt das Sperrzahnrad im Aufzugssystem.

RATTRAPANTE: Bezeichnung eines mit zwei Schleppzeigern ausgestatteten Chronographen. Zum Messen von

Zwischenzeiten trennt sich der Lauf dieser beiden Schleppzeiger.

Rechen: Gebogenes gezahntes Bauteil bei Uhren mit Minutenrepetition. Diese Uhren haben drei Rechen – einen für die Stunden, einen für die Viertelstunden und einen für die Minuten. Wenn der Schieber betätigt wird, fallen die Rechen auf die betreffenden Nocken, die die Zahl der Anschläge weitergeben.

Reduktionsgetriebe: Räderwerk, mit dem die hohe Drehzahl des Rotors verlangsamt wird.

Repetition: Mechanismus, bei dem das Schlagwerk mithilfe eines Auslösers zur Angabe von Stunden, Viertelstunden und Minuten aktiviert wird.

Resonator: Mechanisches Teil zur Zeitmessung, das regelmäßige Bewegungen im Gleichtakt ausführt. Bei Quarzarmbanduhren ist der Resonator ein U-förmiger synthetischer Quarz, der eine Stimmgabel bildet.

Rohwerk: Von einer Spezialfirma geliefertes Uhrwerk, das noch nicht Hemmung und Zugfeder enthält.

Rotor:
Schwungmasse, die sich vollständig um 360 Grad dreht. Der Rotor ist im allgemeinen halbkreisförmig, besteht aus Schwermetall und treibt das Sperrrad an, mit dem die Feder bei jeder Rotorbewegung aufgezogen wird.

Rubin: Ein Lager, das den Verschleiß des Räderwerks verhindern soll und ein möglichst reibungsfreies Arbeiten des Mechanismus gewährleist. Früher verwendete man dazu Naturrubine, heute synthetische Steine.

S

Savonette: Gehäuse bei einer Taschenuhr, deren Zifferblatt zusätzlich durch einen meist metallischen Sprungdeckel geschützt wird.

Schaltung: Anordnung bei Quarzuhren. Es gibt integrierte und gedruckte Schaltungen. Aufgabe dieser Anordnungen ist die Regelung der Schwingungen des Quarzkristalls. Eine Schaltung reduziert diese auf einen Impuls pro Sekunde. Bei Quarzuhren mit Zeigern werden die von der integrierten Schaltung übertragenen Schwingungen durch den Schrittschaltmotor reguliert. Eine integrierte Schaltung ist durch Golddrähte mit den anderen Bauteilen der Uhr verbunden. Bei der gedruckten Schaltung wird die Anordnung in leitendes Material gepresst.

Schieber: Auslöser eines Mechanismus. Wie der Hebel, der Drücker oder die Aufzugskrone befindet sich auch der Schieber meist an der Seite des Gehäuses. Schieber dienen u. a. zum Aufziehen des Läutewerks einer Minutenrepetition oder eines großen Läutewerks.

Schleppzeiger: Sekundenzeiger des Chronographen.

Schrittschaltmotor: Der in Quarzarmbanduhren eingebaute Schrittschaltmotor leitet die vom Stromkreis des Uhrwerks erhaltene elektrische

Energie weiter, um die Mechanik des Zeigerlaufs auf dem Zifferblatt in Gang zu setzen.

SCHWINGUNG: Siehe unter Halbschwingung.

SCHWUNGMASSE: Bewegliches Bauteil, meist halbmondförmig, dessen auf der Schwerkraft beruhende Bewegung den Federantrieb des Mechanismus aufzieht. Wenn diese Schwungmasse eine vollständige Drehung um 360 Grad vollzieht, wird sie als Rotor bezeichnet. Sie kann die Feder in einer oder in beiden Richtungen aufziehen und bildet das Herzstück einer Uhr mit automatischem Aufzug.

SEKUNDENANZEIGE: Erstmals 1579 verwendet, ist sie heute eine Selbstverständlichkeit.

SKALEN: Sie befinden sich an bestimmten Chronographen. Skalen ermöglichen die Ausführung unterschiedlicher Berechnungen. Häufig vorkommend ist die Tachymeterskala zum Messen einer Geschwindigkeit.

SPIRALE: Bandförmiger elastischer Metallstreifen, der das regelmäßige Hin- und Herschwingen der Unruh bewirkt. Ihren Namen verdankt die Spirale der Form ihrer Windung.

STERN: Sternförmige Scheibe bei Armbanduhren mit komplexen Kalenderfunktionen. Die Scheibe für die Wochentage weist sieben Zacken auf, die für die Monate zwölf.

t

TAUCHERUHR: Eigens für den Tauchsport konstruiert, kann sie dem Wasserdruck noch in mehreren hundert Metern Tiefe standhalten.

TONFEDER: Kleine Glocke der Armbandwecker. Sie wird mit einem Hämmerchen angeschlagen.

TOURBILLON: Vorrichtung zur Kompensation von Schwerkraftfehlern im Schwingsystem mechanischer Uhren. Das Tourbillon wurde von Abraham-Louis Breguet erfunden(um 1800).

u

UNRUH: Kreisrunder, schwingender Metallreif, der zusammen mit der Unruhspirale die vom Räderwerk übertragene Kraft reguliert.

w

WASSERDICHT: Uhren dürfen sich „wasserdicht“ nennen, wenn sie für wenigstens 30 Minuten 1 m Wassertiefe schadlos überstehen.

WECKER: Mechanismus, mit dem zu einer eingestellten Zeit ein Läutewerk aktiviert werden kann. Die Weckfunktion bei mechanischen Räderuhren ist bereits seit dem 16. Jh. bekannt.

z

ZEIGER: Bewegliche Arme zur Anzeige der Stunden, Minuten und Sekunden auf dem Index.

ZEITGLEICHUNG (ÄQUATION): Differenz zwischen der mittleren Sonnenzeit und der wahren Sonnenzeit aufgrund der elliptischen Umlaufbahn der Erde und der Neigung ihrer Achse. Diese Differenz ändert sich im Laufe des Jahres und beträgt zwischen +14 und –16 Minuten. Die Anzeige dieser Abweichung bildet eine Komplikation.

ZELLE: Raum zwischen zwei Glasplättchen, der die Flüssigkristalle der LCD-Anzeige einer Quarzuhr enthält.

ZIFFERBLATT: Oberfläche, auf der die von der Uhr gelieferten Informationen angezeigt werden.